美国特种部队
体能训练手册

〔美〕奥古斯塔·德胡安·哈撒韦（Augusta Dejuan Hathaway）___著　　张可盈___译

人民邮电出版社

北京

图书在版编目（CIP）数据

美国特种部队体能训练手册 ／（美）奥古斯塔·德胡安·哈撒韦著 ；张可盈译. -- 北京 ：人民邮电出版社，2018.10
ISBN 978-7-115-48733-9

Ⅰ．①美… Ⅱ．①奥… ②张… Ⅲ．①特种部队－身体训练－美国－手册 Ⅳ．①E712.56-62

中国版本图书馆CIP数据核字(2018)第137476号

免责声明

作者和出版商都已尽可能确保本书技术上的准确性以及合理性，并特别声明，不会承担由于使用本出版物中的材料而遭受的任何损伤所直接或间接产生的与个人或团体相关的一切责任、损失或风险。

内 容 提 要

本书为大众健身与军事体能训练专家奥古斯塔·德胡安·哈撒韦多年来执教经验的总结。

本书首先介绍了可用于训练的专业运动装备及其替代装备，然后介绍了根据自身锻炼水平制定合理的训练方案并有效预防运动损伤的方法。此外，本书采用真人示范、分步骤图解的方式，详解了 164 个训练动作的练习方法，并提供了 30 套针对不同体能水平、训练目标的经过验证的训练方案。

不论是想要改善体能、增肌塑形、提升专项素质的普通人，还是希望挑战自我、获得突破的专业运动员、体能教练、格斗爱好者和军人，都可以从本书中获益。

- ◆ 著　　　　[美]奥古斯塔·德胡安·哈撒韦（Augusta Dejuan Hathaway）
  译　　　　张可盈
  责任编辑　刘 蕊
  责任印制　周昇亮

- ◆ 人民邮电出版社出版发行　　北京市丰台区成寿寺路 11 号
  邮编　100164　电子邮件　315@ptpress.com.cn
  网址　http://www.ptpress.com.cn
  北京捷迅佳彩印刷有限公司印刷

- ◆ 开本：700×1000　1/16
  印张：10　　　　　　　　2018 年 10 月第 1 版
  字数：193 千字　　　　　2025 年 2 月北京第 29 次印刷

著作权合同登记号　图字：01-2017-6267 号

定价：49.80 元

读者服务热线：**(010)81055296**　印装质量热线：**(010)81055316**
反盗版热线：**(010)81055315**
广告经营许可证：京东市监广登字 20170147 号

谨以此书献给我的母亲和妹妹：
虽然我们只在一起生活了很短的时间，
但你们永远在我心里。
感谢我的父亲和弟弟：
感谢你们一直以来对我的鼓励和支持。

★ ★ ★

★ ★ ★
资源与支持

● **配套服务**

扫描下方二维码添加企业微信。

1.即刻领取免费电子资源。

2.加入体育爱好者交流群。

3.不定期获取更多图书、课程、讲座等知识服务产品信息，以及参与直播互动、在线答疑和与专业导师直接对话的机会。

● **关于"人邮体育"**

"人邮体育"为人民邮电出版社旗下品牌，立足于服务体育产业、传播科学知识，与国家体育总局体育科学研究所、美国国家运动医学学会、Human Kinetics等众多国内外领先的行业机构、出版机构建立了广泛的内容合作和市场合作。出版领域覆盖大众健身、青少年体育、专业体能、运动专项、武术格斗，以及益智、棋牌等其他休闲活动，致力于为广大运动爱好者及体育产业从业人员提供丰富多样的全媒体知识服务产品。

● **与我们联系**

我们的联系邮箱是rysport@ptpress.com.cn。

如果您对本书有任何疑问或建议，欢迎您发送邮件给我们，并请在邮件标题中注明本书书名以及ISBN，以便我们更好地为您服务。

目录

第一部分

综 述

★★★
引 言

我们都看过一些让人热血沸腾的军事题材电影，在这些电影里，经常会有一位优秀的士兵展开一系列英勇的行动，最后成功完成任务。这些电影总是激励我保持较高的体能水平，也让我对于诸如美国的海豹突击队、绿色贝雷帽以及陆军游骑兵部队等特种作战部队采用何种体能训练方法产生了强烈的好奇心。事实上，要想成为一名卓越的士兵，每天都要进行严苛的体能训练，而对于这些训练，电影里展示的仅仅是很少的一部分。

从2009年开始，我作为体能训练专家，负责美军各分支机构的体能训练工作。至今，我有幸培养出了一些优秀的士兵。现在，我写这本书，希望给士兵们提供多样而便捷的体能训练方法。不论身在何处、处于何种状态，都可以按照本书的方法进行体能训练。

本书中包含一些训练方案，我在给美国陆军、空军、海军以及海军陆战队训练时使用过这些方案。使用这些方案训练一段时间后，士兵们变得更强、行动更快、更精壮，受伤率也下降了。为什么会这么神奇？首先要搞明白，士兵与大学生运动员或职业运动员一样，都需要提高速度、灵敏、力量、平衡、耐力、柔韧和反应等方面的能力，同时也需要坚强的意志。换句话说，想要变成强者，就要先像强者一样训练！

本书的特殊之处在于提供的训练方案不仅适合士兵，也适合运动员和健身爱好者。你可以在本书中看到30个不同的训练方案，涵盖了核心（腹肌）训练、上肢训练、全身训练、武术以及其他训练方法，这样的组合前所未有。无论你是男是女、目前的体能水平如何，只要你按照本书的训练方案去练习，一定能获得你想要的成果。

★★★
关于特种部队

　　特种部队被公认为每个军种的优秀代表。例如美国空军伞降救援队，美国海军海豹突击队，美国海军陆战队武装侦察部队以及美国陆军的绿色贝雷帽和游骑兵部队。想要成为这些部队中的一员，必须要有在高压下保持较高体能水平和意志力的能力。例如，美国空军伞降救援队的士兵需要能够在水下潜泳50米，美国海军海豹突击队的士兵需要能在8~9分钟游500米，美国海军陆战队武装侦察部队的士兵需要能够踩水40分钟，而美国陆军游骑兵部队的士兵需要能够在40分钟之内跑5英里（约8千米）。上面列举的只是一些简单的例子，要想成为特种部队的优秀士兵，还有很多严格的体能要求。

　　想要成为特种部队的一员绝非易事。许多士兵训练了数周、数月甚至数年，只为了在选拔特种兵的时候保持良好的身体和心理状态。每位特种兵都会告诉你，训练的压力是有挑战性的，需要具备自我挑战精神，而成功完成训练科目的喜悦使他们觉得一切都是值得的。

★ ★ ★
"特种部队体能训练"

本书将彻底改变你对军事体能的看法。一提到军事体能，很多人马上就联想到俯卧撑、仰卧起坐、长跑、健身房以及其他大型负重器械。但是本书涉及的训练方法只需要借助一些非常常见的物品即可完成，是一种高效而经济的锻炼体能的方法，不依赖健身房和有氧健身器械就能帮你打造顶级身材。

在过去的十年里，我有幸分别给大学生运动员、职业运动员以及军人进行过体能训练的指导。任何运动项目的运动员，其训练强度都无法与军人的体能训练强度相比。一个士兵需要承受的训练强度远远大于任何美国职业橄榄球大联盟（NFL）、美国篮球职业联赛（NBA）或格斗类项目运动员的训练强度。成为特种作战部队中一员的先决条件，是要经历数天、数周甚至数月的训练，更别提在选拔阶段每天要进行的训练了。这些训练可以在任何地方进行，一般持续1~24小时，有时甚至更久。想要成为特种部队士兵，需要有强大的内驱力，身体、心理和情绪方面都必须是坚不可摧的。

为了完成书中的训练方案，你需要像一个战士一样：无论多艰难，都要坚持下去，为了达到体能训练目标而奋斗。本书的训练方案来源于运动员和部队，这种结合前所未有。因此，如果你正在寻找有挑战难度的体能训练方案，本书将是你的最佳选择。

本书的另一个特色是为不同体能水平的人群——初级、中级和高级——设计了不同的方案。目前很多体能训练方案都只考虑到了顶尖运动员，忽略了其他水平的健身者。这样做是愚蠢的，不是所有的人一开始就拥有良好的体能，而且由于强度不合适，会导致健身者的肌肉发生损伤。没有人一生下来就会走——婴儿首先要学会爬行，再慢慢地学会站立和行走，最后才会跑起来。体能训练也是如此，没有人天生就拥有最佳的体能水平，即使优秀运动员也需要每天刻苦练习才能达到体能的巅峰水平。本书将指导你从初级开始训练，不断进阶，安全地训练到高级水平。

如果你已经是特种部队士兵了

如果你已经是传说中的特种部队士兵了，你可能会想，这本书对我还有用吗？答案是肯定的！事实上，本书的很多训练方案都是来源于我给在外作战的美国现役部队士兵制订的简易的保持体能的训练计划。

这个主意最早是在准备美国陆军特种部队训练的时候产生的。因为经常在刚要开始一个新的体能训练周期时，一些士兵为了准备别的科目的训练而耽误了原定的体能训练计划，我会连续几周，甚至几个月都看不到他们。

在这种情况下，士兵的体能训练将会回到原点——所有士兵在不参加训练的这段时间内，体能水平又下降到原有的水平。为了应对这种情况，我设计了本书中的训练方案，以保证士兵可以随时在没有专业体能训练设施的任何地方，利用手边的物品进行训练。这套训练方案对士兵的体能水平产生了巨大的影响，他们的体能训练测试的得分戏剧性地提高了，体脂率下降了，而力量没有下降。

看到这套训练方案取得了成功，我知道自己应该给遇到的每个士兵推荐这个方法。目前，这套训练方案已经应用于美国空军、陆军、海军以及海军陆战队的特种部队。无论是现役士兵、后备军人还是普通百姓，都通过这套训练方案取得了良好的效果。使用最简单的军事装备，每个人的体能水平都得到了提高。对各个军种的士兵，或者想成为军人的普通人来说，本书很有可能是最有效、经济、实用的体能训练方案，值得一读。本书的训练方案不仅会改变对军事体能训练的传统认识，还会对健身行业产生一定的影响。

★ ★ ★
给身体加满能量

　　机器的正常运转离不开燃料，同样的道理，食物——尤其是合适的饮食——对于人来说也十分关键。在这里使用这个比喻，是因为你需要像对待一辆豪华汽车一样对待你的身体。当然了，你也可以选择使用质量不佳的汽油，看起来似乎也不影响使用，但事实上你的车还远远没有达到最佳的状态。食物相对于人也是一样。

　　你的饮食会对运动表现产生影响。在按照本书的运动方案进行训练时，为了得到最佳的训练效果，坚持正确合理的饮食方案非常重要，即制定合理摄入瘦肉、水果、蔬菜和水等的营养计划，限制油炸食物、腌制食品以及其他一些"不健康食物"的摄入量。当然，也要尽量远离酒、甜食以及各种碳酸饮料。如果你不确定什么可以吃、什么不可以吃，可以找营养师咨询。有句话叫"你吃的东西造就了你"，这是十分有道理的！

★ ★ ★
开始训练之前

本书适用于确确实实想要健身且对健身抱着严肃态度的人群。因此，你要做好心理准备，在接下来的训练中克服惰性，坚持下去。训练方案是非常具有挑战性的，但绝不是不可能完成的。首先你需要确认自己的体能水平，如果你的体能水平比较低，那训练的焦点就是提升你的整体水平，并将这一点贯彻在整个训练过程中。刻苦地训练，但要注意安全——按照书中描述的方法训练，永远要在保证技术正确的前提下进行训练。

在开始接触训练方案之前，你还需要考虑以下一些因素：

1 如果你不能确认自己目前属于什么样的健康状态，首先向医生咨询并确认你的身体状况是可以进行运动而且不会在运动中出现危险的。这一原则适用于想要开始进行体能训练的任何人群。

2 严格按照书上的文字或图片指示去做动作，以将发生运动损伤的风险降到最低。

3 如果有动作需要用到训练器材而你目前没有这个器材，去看一下"运动装备"的内容，可能会对你有帮助。

4 在训练过程中，你可能会感到肌肉酸痛而不想继续训练下去。这个时候，除非你受伤了，否则就不要中止训练。坚持下去，肌肉酸痛就会随着训练而慢慢减轻，最终在一到两天内完全消失（下面介绍了如何判断你感受到的是正常的肌肉酸痛，还是因为损伤而出现的疼痛）。

5 为了达到训练目标，请你务必拼尽全力——努力训练，拉伸，控制饮食，好好休息！

6 享受训练的过程吧！

预防运动损伤

为了降低在运动中出现肌肉损伤的可能性，在正式训练之前先做5~10分钟的热身练习是非常有必要的。热身练习能够提高体温，增加肌肉中的血流量，为正式训练做好准备。同样，在训练结束之后，用5~10分钟的时间去拉伸一下运动中锻炼到的肌群也是非常有必要的。训练之后拉伸的效果最好，因为此时肌肉的温度比较高，柔韧性相对较好。训练后拉伸能够促进乳酸排出，从而降低肌肉酸痛的发生率。

你也应该学会分辨"好的疼痛"和"坏的疼痛"，即学会判断你感受到的是正常的肌肉酸痛，还是因为损伤而出现的疼痛。有时候，在高强度训练结束后的第二天，你会感受到肌肉酸痛，这种疼痛是"好的疼痛"。肌肉酸痛会随着睡眠、拉伸和恢复而逐渐消失。但如果在训练后很多天，虽然肌肉酸痛已经消失，但仍有疼痛甚至关节活动范围受限的情况，这就是"坏的疼痛"了。此时肌肉已经达到了不能发挥正常作用的状态，即肌肉损伤。除了肌肉损伤之外，常见的运动损伤还有关节损伤，如踝关节扭伤和各类膝关节损伤。

一旦出现了运动损伤，无论严重程度如何，都要严肃对待，并应立即接受相应的治疗。很多时候人们喜欢拿"没有疼痛就没有进步""疼痛让你变得强大"之类的话来鼓励自己，这些口号让人们错误地认为，如果一个训练方案完成下来没有让自己产生疼痛，那这个训练方案就很差劲。实际上，如果你在训练中感到疼痛，多半原因是训练导致了损伤。发现自己受伤后应立即停止训练，去医疗机构做相应的检查和治疗，这才是保证尽快恢复训练的正确做法。

休息和恢复也是训练方案的重要组成部分。很多人错误地以为练得越多越好，当然，在保证了充分的恢复和休息的情况下确实是这样，但忽视了休息的训练是危险的训练。每周保证1~2天的彻底休息的时间，每两次训练之间也要留有12~24小时的恢复时间。例如，下午7~8点进行了一次训练，那下次训练的时间最早应安排在第二天早上7~8点，或第二天下午7~8点。充分的休息时间对于肌肉体积增长以及肌力增加是必要的，也能够防止过度训练。

★ ★ ★
运动装备

本书中包含了大量的利用自身体重进行的训练动作，但也有一些需要用到军用装备的动作。下面分章节列举了训练中需要用到的运动装备。如果你的手边没有这些装备，可以用一些替代品进行训练。例如，一些核心稳定性的训练动作需要用到军用水壶，如果你找不到军用水壶，可以拿一个药球代替。

热身系列： 该章中的动作不需要额外的器械。

平衡及稳定性训练： 该章中的动作不需要额外的器械，可以选择性地使用哑铃。

核心稳定性训练： 该章中的动作需要用到军用头盔和军用水壶。

军用头盔替代品： 药球、篮球、10~15磅（4.5~6.8千克）的哑铃、10~25磅（4.5~11.3千克）的负重板、10~20磅（4.5~9.1千克）的壶铃。

军用水壶替代品： 药球、10~15磅的哑铃、10~25磅的负重板、10~20磅的壶铃。

俯卧撑系列： 该章中的动作需要用到军用头盔。

军用头盔替代品： 药球、课本、篮球、足球。

力量训练： 该章中的动作需要用到军用头盔、防弹背心、作战服和沙袋。

军用头盔替代品： 药球、篮球、10~15磅的哑铃、10~25磅的负重板、10~20磅的壶铃。

防弹背心替代品： 沙背心、药球、10~15磅的哑铃、10~25磅的负重板、10~20磅的壶铃。

训练设备替代品（从左至右）：药球、壶铃、负重板、篮球

作战服替代品：毛巾、绳子、床单。

沙袋替代品：药球、哑铃、负重板、壶铃。

灵敏性、速度以及快速伸缩复合训练：该章中的动作需要用到军用头盔和作战服。

作战服替代品：毛巾、绳子、床单。

军用头盔替代品：药球、课本。

武术训练：该章中的动作不需要额外的器械，可以选择性地使用哑铃。

柔韧性训练：该章中的动作需要用到作战服。

作战服替代品：毛巾、绳子、床单。

第二部分

训练方案

★ ★ ★
如何使用本书

无论你是男是女，体能水平如何，按本书训练很容易——最重要的是明确你当前的体能水平和极限。我在训练士兵时总是告诉他们，要对自己诚实。很多人错误地认为，如果一个训练方案不能让你筋疲力尽，那这个训练就不够好。这个观点不仅错误，还很危险。永远不要让自己变得特别疲劳。疲劳和错误的训练方法会增加骨骼肌肉系统损伤的风险。因此要时刻谨记：①明确你当前的体能水平；②永远使用合适的训练方法；③明确你当前的极限在哪。

制定你的训练方案

想要明确你最初的目标，首先需要进行一个5分钟的Belasco测试。Belasco测试以10码（约9.1米）为一个单位，也即，运动10码记为重复一次（例如，熊爬10码再返回来，记为重复两次）。在5分钟时间内尽可能地完成更多的重复次数，然后在下面的表格中查询你的体能水平。我建议，在训练方案实施过程中，至少每个月进行一次该测试，以实时监测你的体能水平。

	初级水平	中级水平	高级水平
女性	≤6个单位	7~9个单位	≥10个单位
男性	≤8个单位	10~12个单位	≥15个单位

在确定了你的体能水平之后，还要决定每周运动多少次。下面的表格显示了每周训练3次、4次、5次、6次时的训练计划。一旦你决定了每周训练几次，按照下面表格中的计划进行训练即可。例如，如果你想要每周训练四次，那么周一和周六进行全身的训练，周二进行核心训练，周四进行有氧训练，周三、周五和周日休息。在休息日也可以进行走路、游泳或慢骑自行车训练。鼓励根据习惯制订自己的每周计划，但要注意每周至少休息一天，以保障肌肉的恢复。

每周训练计划							
	周一	周二	周三	周四	周五	周六	周日
每周训练 3次	全身训练	休息	有氧运动	休息	全身训练	休息	休息
每周训练 4次	全身训练	核心训练	休息	有氧运动	休息	全身训练	休息
每周训练 5次	全身训练	核心训练	下肢训练	休息	上肢训练	有氧运动	休息
每周训练 6次	全身训练	核心训练	有氧运动	核心训练	全身训练	休息	有氧运动

本书提供了30种不同的训练方案，也就是说，如果你按照本书进行训练，至少一个月内每天都有新的训练计划。训练分为全身训练、上肢训练、核心训练、有氧训练以及速度训练等。对应不同的体能水平，训练方案不同，主要体现在训练强度的不同上（初级水平使用低强度，中级水平使用中等强度，高级水平使用高强度）。体能水平的确定参照18页的Belasco测试。你要记得，体能水平的测试是贯穿整个训练过程的。

例子：

动作名称	初级水平	中级水平	高级水平
单脚站立触地（全方向）	1组×3次	1组×4次	1组×5次
空中蹬车	3组×10次	3组×12次	4组×15次
单脚向后跳	每侧3组×10次	每侧3组×12次	每侧4组×15次
织布工	3组×20秒	3组×30秒	4组×40秒

训练前后

在训练之前，首先从热身一章（第38页）选择3~5个动作进行热身。进行高强度训练之前一定要进行热身，好的热身能够提高身体温度，增加肌肉中的血流量，提高肌肉柔韧性，降低发生运动损伤的风险。

在完成每次的训练之后，有必要进行至少5分钟的拉伸练习（第40页）。训练后拉伸不够，会造成肌肉过紧，从而影响肌肉活动范围。训练后拉伸能够增加关节活动度，因为此时肌肉温度较高，易于拉伸。柔韧性越好，在运动中能够达到的活动范围越大，同时运动损伤发生的可能性越小。

★ 5个主要训练场地

建立5个场地，每两个场地之间相隔5~20码（4.6~18.3米）。完成了场地1的练习后再进入下一个场地进行相应的练习。例如，首先在场地1做6组降低俯卧撑，每组20次重复，然后冲到场地2，每侧做6组静态剪蹲军用头盔上举，每组10次重复，完成后再进入场地3。

	动作名称	页码	组数与重复次数
	5个主要训练场地		
场地1	降低俯卧撑	72页	男：6组×20次｜女：4组×10次
场地2	静态剪蹲军用头盔上举	96页	男：每侧6组×10次｜女：每侧4组×10次
场地3	降低平板支撑提膝	70页	男：6组×30次｜女：4组×20次
场地4	快速分腿并腿跳	51页	男：6组×20次｜女：4组×12次
场地5	侧向爬行	82页	男：6组×20次｜女：4组×10次

★ 4个训练角落

建立4个训练角落，每两个之间间隔至少5码（约4.6米）。完成了角落1的练习后再进入下一个角落进行相应的练习。例如，在角落1完成了40个沙袋深蹲和推举之后，去角落2做40个摆臂快速分腿并腿跳。完成了4个角落的所有活动之后，即为完成1组训练，一共需要完成4组训练。

在第一轮和第二轮训练时，男性的训练时间是6分钟，组间休息时间是4分钟；女性的训练时间是4分钟，组间休息时间是3分钟。在第三轮训练时，男性的训练时间是8分钟，组间休息时间是5分钟；女性的训练时间是6分钟，组间休息时间是5分钟。在第四轮训练时，男性的训练时间是10分钟，组间休息时间是6分钟；女性的训练时间是6分钟，组间休息时间是6分钟。

	动作名称	页码	组数与重复次数
	4个训练角落		
角落1	沙袋深蹲和推举	100页	男：4组×20次｜女：3组×10次
角落2	快速分腿并腿跳	51页	男：4组×40次｜女：4组×20次
角落3	持军用头盔侧向扭转	62页	男：4组×30次｜女：4组×20次
角落4	军用头盔俯卧撑快速伸缩复合训练	80页	男：每侧4组×10次｜女：每侧4组×6次

★ 丛林之王

丛林之王是一个全身训练方案的名称。选一个有挑战性的强度，按照下面表格中的顺序完成所有练习，严格按照重复次数和组数完成后再进行下一个练习。在进行攻防格斗和踢击格斗时，你可以从武术一章（第133页）的攻防格斗和踢击格斗组合中任选动作完成。这套丛林之王最初是为了美国海军的男女士兵设计的，尤其受到夏威夷卡内奥赫湾海军陆战队基地的士兵们喜欢。

丛林之王				
动作名称	页码	组数与重复次数		
		初级水平	中级水平	高级水平
三跳一触地	58页	每侧3组×3次	每侧3组×4次	每侧3组×5次
V字形卷腹	64页	3组×10次	3组×10次	3组×10次
自由女神像	54页	每侧3组×10次	每侧3组×12次	每侧4组×15次
卷腹伸展	64页	3组×10次	3组×12次	4组×15次
沙袋深蹲和推举	100页	3组×20秒	3组×30秒	3组×40秒
俯卧撑提膝	79页	3组×20秒	3组×30秒	3组×40秒
单臂沙袋外摆	95页	每侧3组×10次	每侧4组×12次	每侧4组×15次
头上沙袋推举	91页	3组×10次	3组×12次	4组×15次
沙袋负重走	–	1组×2分钟	1组×3分钟	1组×5分钟
俯卧撑击掌	–	3组×20秒	3组×30秒	4组×1分钟
登山者	84页	3组×20秒	3组×30秒	4组×1分钟
执沙袋快走	93页	3组×10次	3组×12次	4组×15次
跨步触地	120页	3组×20秒	3组×30秒	4组×1分钟
踢击格斗	–	1组×2分钟	1组×5分钟	1组×8分钟
贝拉斯科式	86页	1组×2分钟	1组×3分钟	1组×4分钟

★ 要点练习

要点练习是一个全身训练方案的名称。选一个有挑战性的强度！按照下面表格中的顺序完成所有练习，严格按照重复次数和组数完成后再进行下一个练习。这套动作最初是为了美国空军的男女士兵设计的。

要点练习				
组数与重复次数				
动作名称	页码	初级水平	中级水平	高级水平
单脚站立触地（全方向）	56页	3组×3次	3组×4次	3组×5次
空中蹬车	–	3组×10次	3组×12次	4组×15次
向后跳	57页	每侧3组×10次	每侧4组×12次	每侧4组×15次
织布工	66页	3组×20秒	3组×30秒	4组×40秒
沙袋外摆	94页	3组×20秒	3组×30秒	4组×40秒
4次敲击-360度环绕	128页	3组×20秒	3组×30秒	4组×40秒
沙袋深蹲和推举	100页	3组×10次	3组×12次	4组×15次
侧向冲刺跳跃	123页	3组×35秒	3组×45秒	4组×1分钟
俯卧撑肩胛骨靠拢	–	3组×20秒	3组×30秒	4组×40秒
分开推举	90页	3组×10次	3组×12次	4组×15次
弯腰划船	87页	3组×20秒	3组×30秒	4组×1分钟
肱二头肌沙袋弯举	92页	3组×20秒	3组×30秒	4组×1分钟

★ 战斗好伙伴

战斗好伙伴是一个需要两人搭配完成的全身训练方案的名称。选一个有挑战性的强度！按照下面表格中的顺序完成所有练习，严格按照重复次数和组数完成后再进行下一个练习。在进行攻防格斗和踢击格斗时，你可以从武术一章（第133页）的攻防格斗和踢击格斗组合中任选动作完成。

战斗好伙伴				
组数与重复次数				
动作名称	页码	初级水平	中级水平	高级水平
脚部抬高俯卧撑	108页	3组×10码	4组×20码	5组×30码
双人引体向上	109页	3组×10次	3组×12次	4组×15次
环游世界	110页	3组×30秒	3组×45秒	3组×1分钟
抗阻军用头盔推举	111页	3组×10次	3组×12次	4组×15次

注：10码约为9.1米，20码约为18.3米，30码约为27.4米。

战斗好伙伴				
		组数与重复次数		
动作名称	页码	初级水平	中级水平	高级水平
作战服双人冲刺	–	3组×20秒	3组×30秒	4组×30秒
双腿屈曲	112页	3组×10次	3组×12次	4组×15次
抗阻向后走	107页	3组×10码	4组×20码	5组×30码
持军用头盔胸前推拉	62页	3组×30秒	3组×45秒	3组×1分钟
颈部抗阻（左向右）	113页	每个方向1组×20秒	每个方向2组×20秒	每个方向2组×25秒
颈部抗阻（向前和向后）	114页	每个方向1组×20秒	每个方向2组×20秒	每个方向2组×25秒
踢击格斗	–	1组×6分钟	1组×12分钟	1组×15分钟

注：10码约为9.1米，20码约为18.3米，30码约为27.4米。

★ 大白鲨

大白鲨是一个全身训练方案的名称。选一个有挑战性的强度！按照下面表格中的顺序完成所有练习，严格按照重复次数和组数完成后再进行下一个练习。

大白鲨				
动作名称	页码	组数与重复次数		
		初级水平	中级水平	高级水平
自由女神像	54页	3组×8次	3组×10次	3组×12次
升高平板支撑	69页	3组×30秒	3组×35秒	3组×1分钟
推—拉	54页	3组×30秒	3组×35秒	3组×1分钟
持军用头盔扭转上举	68页	3组×12次	3组×15次	3组×20次
单臂沙袋外摆	95页	3组×8次	3组×12次	4组×12次
着防弹服熊爬	81页	3组×15码	3组×20码	4组×35码
军用头盔上下平板	76页	3组×30秒	3组×35秒	4组×1分钟
冲刺绕圈跑（10码）	131页	3组×30秒	3组×45秒	4组×1分钟
静态剪蹲军用头盔上举	96页	3组×10码	3组×15码	4组×20码
冲刺绕圈跑（10码）	131页	3组×30秒	3组×35秒	4组×1分钟
深蹲抛沙袋	101页	3组×8次	3组×12次	4组×12次
快速冲刺	117页	3组×20秒	3组×25秒	4组×30秒
贝拉斯科式	86页	3组×35秒	3组×45秒	4组×1分钟
冲刺双脚交替拍击军用头盔（10码）	131页	3组×45秒	4组×1分钟	4组×1分钟

注：10码约为9.1米，15码约为13.7米，20码约为18.3米，35码约为32.0米。

★ 杀手之王

杀手之王是一个全身训练方案的名称，由3组动作组成，强度很大。选一个有挑战性的强度！每组动作都有个时间限制，完成后再进行下一个练习。例如，某个高级水平的练习者在进行第一组动作时，先进行10次俯卧撑深蹲抛沙袋，然后进行10次持军用头盔扭转上举，最后进行10次过顶俯卧撑。每个动作都要在相应的时间内完成，完成10分钟的练习之后可以休息5分钟。

杀手之王					
	动作名称	页码	重复次数	初级水平	中级水平	高级水平
第一组动作	俯卧撑深蹲抛沙袋	104页	10次	3分钟	5分钟	10分钟
	持军用头盔扭转上举	68页	10次	1分钟休息	2分钟休息	5分钟休息
	过顶俯卧撑	—	10次			
第二组动作	直立交替举沙袋	87页	10次	3分钟	5分钟	10分钟
	侧向冲刺跳跃	123页	10次	1分钟休息	2分钟休息	5分钟休息
	划船	86页	10次			
第三组动作	着防弹衣熊爬（10码）	81页	2次	3分钟	5分钟	10分钟
	着防弹衣侧向爬行踢腿（10码）	83页	2次	1分钟休息	2分钟休息	3分钟休息

★ 灰熊

灰熊是一个全身训练方案的名称。选一个有挑战性的强度。按照下面表格中的顺序完成所有练习，严格按照重复次数和组数完成后再进行下一个练习。在进行攻防格斗时，你可以从武术一章（第133页）的攻防格斗和踢击格斗组合中任选动作完成。这套动作是为北卡罗来纳州布拉格堡的男女士兵设计的。

灰熊				
动作名称	页码	组数与重复次数		
		初级水平	中级水平	高级水平
三跳一触地	58页	3组×8次	3组×10次	3组×12次
抛接军用头盔	60页	3组×15次	3组×20次	3组×30次
侧向跳跃旋转180度	60页	3组×8次	3组×10次	3组×12次
降低平板支撑	69页	3组×30秒	3组×35秒	3组×1分钟
单臂沙袋外摆	95页	3组×8次	3组×10次	4组×12次
着防弹衣熊爬	81页	3组×15码	3组×20码	4组×35码
俯卧撑爬行	78页	3组×8次	3组×10次	4组×12次
深蹲跳	118页	3组×8次	3组×10次	4组×15次
划船	86页	3组×8次	3组×10次	4组×15次
跨步触地	120页	3组×30秒	3组×35秒	3组×1分钟
双手交叉俯卧撑	74页	3组×20秒	3组×25秒	4组×30秒
原地冲刺跑	105页	3组×20秒	3组×25秒	4组×30秒
俯卧撑爬行复合练习	85页	3组×35秒	3组×45秒	4组×1分钟
踢击格斗	－	1组×10分钟	1组×15分钟	1组×20分钟

★ 基本训练

基本训练是一个全身训练方案的名称。按照下面表格中的顺序完成所有练习，严格按照重复次数和组数完成后再进行下一个练习。

基本训练		
动作名称	页码	组数与重复次数
军用水壶俯卧撑	72页	男：3组×15次 ┃ 女：2组×6次
卷腹持球	63页	男：3组×15次 ┃ 女：2组×10次
降低俯卧撑	72页	男：3组×15次 ┃ 女：2组×6次
V字形卷腹	64页	男：3组×15次 ┃ 女：2组×8次
俯卧撑提膝	79页	男：3组×15次 ┃ 女：2组×6次
俯卧撑快速伸缩复合训练	79页	男：3组×12次 ┃ 女：2组×8次
军用头盔俯卧撑快速伸缩复合训练	80页	男：3组×15次 ┃ 女：2组×8次
坐位冲拳	65页	男：3组×40次 ┃ 女：2组×30次
俯卧撑快速伸缩复合训练	79页	男：3组×15次 ┃ 女：2组×6次

★ 夯实基础

夯实基础是一个全身训练方案的名称。按照下面表格中的顺序完成所有练习，严格按照重复次数和组数完成后再进行下一个练习。

夯实基础		
动作名称	页码	组数与重复次数
单腿深蹲	99页	男：3组×15次 ┃ 女：2组×6次
军用头盔障碍跳	126页	男：3组×15次 ┃ 女：2组×10次
深蹲沙袋推举	100页	男：3组×15次 ┃ 女：2组×6次
推—拉	54页	男：3组×15次 ┃ 女：2组×8次
侧向冲刺跳跃	123页	男：3组×15次 ┃ 女：2组×6次
正踢腿	142页	男：3组×12次 ┃ 女：2组×8次
单脚站立触地（全方向）	56页	男：3组×15次 ┃ 女：2组×6次
坐位冲拳	65页	男：3组×40次 ┃ 女：2组×30次
冲刺绕圈跑	131页	男：3组×35秒 ┃ 女：3组×20秒

★ 上肢 I

上肢 I 和上肢 II 是两个针对上肢的训练方案，可以选择一个进行训练。对于这两个训练方案来说，都要按照下面表格中的顺序完成所有练习，严格按照重复次数和组数完成后再进行下一个练习。

上肢 I		
动作名称	页码	组数与重复次数
头上沙袋推举	91 页	男：5 组 × 20 次 ┃ 女：3 组 × 10 次
作战服单臂划船	–	男：5 组 × 15 次 ┃ 女：3 组 × 10 次
双手交替俯卧撑	73 页	男：每侧 5 组 × 10 次 ┃ 女：每侧 3 组 × 6 次
拳法和肘法组合 5	144 页	男：5 组 × 5 分钟 ┃ 女：3 组 × 3 分钟
升高平板支撑	69 页	男：5 组 × 1 分钟 ┃ 女：3 组 × 45 秒
沙袋划船	–	男：5 组 × 20 次 ┃ 女：3 组 × 12 次

★ 上肢 II

上肢 II		
动作名称	页码	组数与重复次数
胸前沙袋推举	91 页	男：5 组 × 15 次 ┃ 女：3 组 × 10 次
持军用头盔胸前推拉	62 页	男：5 组 × 15 次 ┃ 女：3 组 × 10 次
划船	86 页	男：每侧 5 组 × 10 次 ┃ 女：每侧 3 组 × 6 次
降低平板支撑	69 页	男：5 组 × 1 分钟 ┃ 女：3 组 × 45 秒
半俯卧撑	71 页	男：5 组 × 20 次 ┃ 女：3 组 × 12 次
军用头盔上下平板	76 页	男：5 组 × 1 分钟 ┃ 女：3 组 × 45 秒
拳法和肘法组合 1	144 页	男：5 组 × 3 分钟 ┃ 女：3 组 × 2 分钟
双手交叉俯卧撑	74 页	男：5 组 × 30 秒 ┃ 女：3 组 × 20 秒
卷腹伸展	64 页	男：5 组 × 15 次 ┃ 女：3 组 × 10 次

★ 抓住窍门

抓住窍门是一个针对上肢的训练方案名称，由3组动作组成，强度很大。按照下面表格中的顺序完成所有练习，严格按照重复次数和组数完成后再进行下一个练习。完成一组动作后，休息规定的时间，再开始下一组动作。

抓住窍门		
	动作名称	组数与重复次数
第一组动作	沙袋负重走	男：3分钟｜女：2分钟
	直立交替举沙袋（87页）	男：1分钟｜女：25秒
	肱二头肌沙袋弯举（92页）	男：10次｜女：6次
	交替剪蹲（96页）或深蹲（97页）	男：30次｜女：20次
恢复和休息——男：3分钟｜女：2分钟		
第二组动作	沙袋负重走	男：5分钟｜女：3分钟
	直立交替举沙袋（87页）	男：2分钟｜女：30秒
	肱二头肌沙袋弯举（92页）	男：15次｜女：10次
	交替剪蹲（96页）或深蹲（97页）	男：60次｜女：40次
恢复和休息——男：3分钟｜女：2分钟		
第三组动作	沙袋负重走	男：7分钟｜女：5分钟
	直立交替举沙袋（87页）	男：2分钟｜女：50秒
	肱二头肌沙袋弯举（92页）	男：20次｜女：12次
	交替剪蹲（96页）或深蹲（97页）	男：100次｜女：60次
训练结束		

★ 精英

精英是一个全身训练方案的名称，由3组动作组成，强度很大。每组动作都有时间限制，完成后再进行下一个练习。例如，你应该在6分钟之内完成第一组动作的练习。完成第一组动作后，休息规定的时间，再开始下一组动作（第一组动作完成之后应该休息4分钟，再开始进行第二组动作）。这套动作最初是为美国海军陆战队的男女士兵设计的。

精英		
动作名称	页码	组数与重复次数
深蹲	97页	男：30次 | 女：20次
侧向爬行	82页	男：20码 | 女：10码
平板支撑提膝	70页	男：1分钟 | 女：45秒
正踢腿	142页	男：每条腿20次 | 女：每条腿15次

分组	练习时间	休息时间
第一组动作	在6分钟内尽可能完成更多的动作	4分钟
第二组动作	在8分钟内尽可能完成更多的动作	5分钟
第三组动作	在10分钟内尽可能完成更多的动作	训练结束

★ 银背大猩猩

在"银背大猩猩"这个全身训练方案中选一个有挑战性的强度！按照下面表格中的顺序完成所有练习，严格按照重复次数和组数完成后再进行下一个练习。这套动作最初是为美国陆军佐治亚州本宁堡第150和第119步兵团的男女士兵设计的。

银背大猩猩				
动作名称	页码	组数与重复次数		
		初级水平	中级水平	高级水平
侧向跳跃	59页	3组×8次	3组×10次	3组×12次
持军用头盔胸前推拉	62页	3组×30秒	3组×35秒	3组×1分钟
单脚向后跳	57页	3组×30秒	3组×35秒	3组×1分钟
卷腹伸展	64页	3组×12次	3组×15次	3组×20次
交替剪蹲	96页	3组×8次	3组×12次	4组×12次
向后抛沙袋	103页	3组×15码	3组×20码	4组×35码
着作战服交替剪蹲	–	3组×30秒	3组×35秒	4组×1分钟
军用头盔上下俯卧撑	75页	3组×30秒	3组×45秒	4组×1分钟
4次敲击–360度环绕	128页	3组×10码	3组×15码	4组×20码
俯卧撑爬行复合练习	85页	3组×30秒	3组×35秒	4组×1分钟
军用头盔障碍跳	126页	3组×30秒	3组×35秒	4组×1分钟
深蹲抛沙袋	101页	3组×8次	3组×12次	4组×12次
冲刺摸军用头盔	131页	3组×20秒	3组×30秒	4组×1分钟

★勇士

勇士是一个需要两人搭配完成的全身训练方案的名称。按照下面表格中的顺序完成所有练习，严格按照重复次数和组数完成后再进行下一个练习。

勇士		
动作名称	页码	组数与重复次数
背人走	113页	男：4组×40码 ┃ 女：3组×20码
双人引体向上	109页	男：4组×10次 ┃ 女：3组×8次
旋转抛沙袋	102页	男：4组×10次 ┃ 女：3组×8次
俯卧撑侧向冲刺	122页	男：4组×20秒 ┃ 女：3组×10秒
脚部抬高俯卧撑	108页	男：4组×20码 ┃ 女：3组×10码
冲刺摸军用头盔	131页	男：4组×20秒 ┃ 女：3组×10秒
抗阻军用头盔推举	111页	男：4组×30次 ┃ 女：3组×20次

★D型火车挑战

D型火车挑战是一个全身训练的方案名称，由4组动作组成，强度很大。按照下面表格中的顺序完成所有练习，严格按照重复次数和组数完成后再进行下一个练习。完成第一组动作后，休息规定的时间，再开始下一组动作。我给每位被我训练过的士兵都推荐了这套动作。你要时刻谨记，有人会随时会像D型火车一样踢你屁股！

D型火车挑战		
动作名称	页码	组数与重复次数
深蹲抛沙袋	101页	男：6次 ┃ 女：3次
着防弹衣侧向爬行踢腿	83页	男：15码 ┃ 女：10码
冲刺摸军用头盔	131页	男：2次 ┃ 女：1次
向后抛沙袋	103页	男：6次 ┃ 女：3次
持军用头盔侧向扭转	62页	男：20次 ┃ 女：12次
着防弹衣熊爬	81页	男：20码 ┃ 女：10码

分组	练习时间	休息时间
第一组动作	男：在8分钟内尽可能完成更多的动作 ┃ 女：在5分钟内尽可能完成更多的动作	3-5分钟
第二组动作	男：在10分钟内尽可能完成更多的动作 ┃ 女：在6分钟内尽可能完成更多的动作	4-6分钟
第三组动作	男：在8分钟内尽可能完成更多的动作 ┃ 女：在5分钟内尽可能完成更多的动作	3-5分钟
第四组动作	男：在10分钟内尽可能完成更多的动作 ┃ 女：在6分钟内尽可能完成更多的动作	10分钟

★ 核心训练方案 I

核心训练方案 I、II、III 和 IV 是 4 个针对腹部核心区域的训练方案，可以选择一个进行训练。对于这 4 个训练方案来说，都要按照下面表格中的顺序完成所有练习，严格按照重复次数和组数完成后再进行下一个练习。

核心训练方案 I		
动作名称	页码	组数与重复次数
卷腹持球	63 页	男：5 组 × 1 分钟 ｜ 女：5 组 × 30 秒
降低平板支撑	69 页	男：5 组 × 1 分钟 ｜ 女：6 组 × 30 秒
坐位冲拳	65 页	男：5 组 × 1 分钟 ｜ 女：6 组 × 30 秒
持军用头盔扭转	67 页	男：5 组 × 1 分钟 ｜ 女：6 组 × 30 秒
卷腹伸展	64 页	男：5 组 × 1 分钟 ｜ 女：6 组 × 30 秒

★ 核心训练方案 II

核心训练方案 II		
动作名称	页码	组数与重复次数
V 字形卷腹	64 页	男：5 组 × 1 分钟 ｜ 女：5 组 × 30 秒
升高平板支撑	69 页	男：5 组 × 1 分钟 ｜ 女：6 组 × 30 秒
织布工	66 页	男：5 组 × 1 分钟 ｜ 女：6 组 × 30 秒
环游世界	110 页	男：5 组 × 1 分钟 ｜ 女：6 组 × 35 秒
持军用头盔扭转上举	68 页	男：5 组 × 1 分钟 ｜ 女：6 组 × 30 秒

★ 核心训练方案 III

核心训练方案 III		
动作名称	页码	组数与重复次数
持军用头盔侧向扭转	62 页	男：5 组 × 1 分钟 ｜ 女：5 组 × 30 秒
持军用头盔胸前推拉	62 页	男：5 组 × 1 分钟 ｜ 女：6 组 × 30 秒
双腿交替伸展	65 页	男：5 组 × 1 分钟 ｜ 女：6 组 × 30 秒
卷腹持球	63 页	男：5 组 × 1 分钟 ｜ 女：6 组 × 35 秒
持军用头盔扭转上举	68 页	男：5 组 × 1 分钟 ｜ 女：6 组 × 30 秒

★ 核心训练方案Ⅳ

核心训练方案Ⅳ		
动作名称	页码	组数与重复次数
卷腹伸展	64页	男：5组×1分钟 | 女：5组×30秒
降低平板支撑	69页	男：5组×1分钟 | 女：6组×30秒
抛接军用头盔	66页	男：5组×1分钟 | 女：6组×30秒
持军用头盔扭转	67页	男：5组×1分钟 | 女：6组×30秒
坐位冲拳	65页	男：5组×1分钟 | 女：6组×30秒

★ 速度训练方案Ⅰ

速度训练方案Ⅰ、Ⅱ、Ⅲ、Ⅳ、Ⅴ、Ⅵ是6个针对速度素质的训练方案，可以有效地提高跑步速度，变向能力、心肺功能以及增强肌肉耐力。对于这6个训练方案来说，都要按照下面表格中的顺序完成所有练习，严格按照重复次数和组数完成后再进行下一个练习。因为这个模块的主要目的是提高速度，因此在进行训练时，要用尽全力做出最快的训练。

速度训练方案Ⅰ		
动作名称	页码	组数与重复次数
跑步姿势摆臂	115页	男：5组×40秒 | 女：5组×30秒
侧向跳跃	59页	男：6组×20秒 | 女：6组×15秒
作战服跨步	121页	男：6组×20秒 | 女：6组×15秒
侧向跳跃	59页	男：6组×20秒 | 女：6组×15秒
冲刺绕圈跑	131页	男：6组×20秒 | 女：6组×15秒

★ 速度训练方案Ⅱ

速度训练方案Ⅱ		
动作名称	页码	组数与重复次数
跑步姿势摆臂	116页	男：5组×40秒 | 女：5组×30秒
越过军用头盔	130页	男：6组×20秒 | 女：6组×15秒
侧向冲刺跳跃	123页	男：6组×20秒 | 女：6组×15秒
冲刺双脚交替拍击军用头盔	131页	男：6组×20秒 | 女：6组×15秒
4次敲击−360度环绕	128页	男：6组×20秒 | 女：6组×15秒

★ 速度训练方案Ⅲ

速度训练方案Ⅲ		
动作名称	页码	组数与重复次数
跑步姿势摆臂	116页	男：5组×40秒｜女：5组×30秒
交替踢军用头盔	124页	男：6组×20秒｜女：6组×15秒
平板支撑	−	男：6组×20秒｜女：6组×15秒
侧向冲刺跳跃	123页	男：6组×20秒｜女：6组×15秒
向后冲刺	124页	男：6组×20秒｜女：6组×15秒
军用头盔障碍跳	126页	男：6组×20秒｜女：6组×15秒

★ 速度训练方案Ⅳ

速度训练方案Ⅳ		
动作名称	页码	组数与重复次数
跑步姿势摆臂	116页	男：5组×40秒｜女：5组×30秒
绕军用头盔小跑	125页	男：6组×20秒｜女：6组×15秒
侧向快速跨步	119页	男：6组×20秒｜女：6组×15秒
冲刺摸军用头盔	131页	男：6组×20秒｜女：6组×15秒
军用头盔障碍跳	126页	男：6组×20秒｜女：6组×15秒
4次敲击−360度环绕	128页	男：6组×20秒｜女：6组×15秒

★ 速度训练方案Ⅴ

速度训练方案Ⅴ		
动作名称	页码	组数与重复次数
跑步姿势摆臂	116页	男：5组×40秒｜女：5组×30秒
行进间高抬腿（向前和向后）	44页	男：6组×40秒｜女：6组×20秒
抗阻侧向走	105页	男：6组×20秒｜女：6组×15秒
提膝外摆	42页	男：6组×40秒｜女：6组×20秒
原地冲刺跑	105页	男：6组×20秒｜女：6组×15秒
交替剪蹲	96页	男：6组×40秒｜女：6组×30秒

★ 速度训练方案VI

速度训练方案VI		
动作名称	页码	组数与重复次数
跑步姿势摆臂	116页	男：5组×40秒 ｜ 女：5组×30秒
跨步击掌	43页	男：6组×40秒 ｜ 女：6组×20秒
向后冲刺	124页	男：6组×40秒 ｜ 女：6组×20秒
卷腹伸展	64页	男：6组×20秒 ｜ 女：6组×15秒
轻拍脚踝	43页	男：6组×40秒 ｜ 女：6组×20秒
深蹲	97页	男：6组×20秒 ｜ 女：6组×15秒
深蹲跳	118页	男：6组×40秒 ｜ 女：6组×30秒

★ 盖瑟 I

盖瑟 I 和 II 是两个有氧训练方案，可以有效地提高变向能力、心肺功能以及增强肌肉耐力。对于这4个训练方案来说，都要按照下面表格中的顺序完成所有练习，严格按照重复次数和组数完成后再进行下一个练习。在进行训练时要注意尽全力。

盖瑟 I		
动作名称	页码	组数与重复次数
冲刺摸军用头盔	131页	男：4组×25秒 ｜ 女：3组×15秒
交替踢军用头盔	124页	男：4组×25秒 ｜ 女：3组×15秒
跨步触地	120页	男：4组×25秒 ｜ 女：3组×15秒
跑步姿势摆臂	116页	男：4组×25秒 ｜ 女：3组×15秒
深蹲跳	118页	男：4组×25秒 ｜ 女：3组×15秒
拳法和腿法组合1	144页	男：4组×2分钟 ｜ 女：3组×1分钟

★ 盖瑟 II

盖瑟 II		
动作名称	页码	组数与重复次数
向后冲刺	124页	男：5组×25秒 ｜ 女：5组×15秒
交替踢军用头盔	124页	男：5组×25秒 ｜ 女：5组×15秒
原地冲刺跑	105页	男：5组×25秒 ｜ 女：5组×15秒
拳法和腿法组合2	144页	男：4组×25秒 ｜ 女：3组×15秒
快速分腿并腿跳	51页	男：4组×25秒 ｜ 女：3组×15秒
拳法和腿法组合2	144页	男：4组×2分钟 ｜ 女：3组×1分钟

★冠军之心

冠军之心是一个全身的有氧训练，由6组动作组成，强度很大。随着组数的增加，训练的时间和动作的个数逐渐减少。例如，第一组动作中踢击格斗需要做6分钟，而在第三组动作中，只需要做4分钟。在第三组动作之后，休息时间也有所变化。完成前三组动作后休息2分钟，完成后三组动作休息1分钟。我将这套动作献给所有的训练者，因为你们都有一颗冠军之心！

冠军之心	
动作名称	组数与重复次数
第一组动作	
踢击格斗	6分钟
V字形卷腹（64页）	男：1组×60次 | 女：1组×40次
恢复和休息：2分钟	
第二组动作	
踢击格斗	5分钟
V字形卷腹（64页）	男：1组×50次 | 女：1组×30次
恢复和休息：2分钟	
第三组动作	
踢击格斗	4分钟
V字形卷腹（64页）	男：1组×40次 | 女：1组×30次
恢复和休息：2分钟	
第四组动作	
踢击格斗	3分钟
V字形卷腹（64页）	男：1组×30次 | 女：1组×20次
恢复和休息：1分钟	
第五组动作	
踢击格斗	2分钟
仰卧起坐和俯卧撑	男：1组×20次 | 女：1组×10次
恢复和休息：1分钟	
第六组动作	
踢击格斗	1分钟
仰卧起坐和俯卧撑	男：1组×10次 | 女：1组×10次
训练结束	

第三部分

训练动作

★ 热身系列 ★

这套热身练习可以增加上肢和下肢肌肉中的血流量，从而为接下来的高强度训练做好准备。选择3~5个动作进行热身，直到你感到肌肉舒展和发热为止。

★ 芭蕾走

1 立正站好，两手抱于头顶后方。

2 踮起脚尖走向设定好的位置，注意在整个过程中的任何时候脚跟都不能着地。

★ 交替抱膝

这个动作可以原地进行，也可以行进间进行。

1 立正站好。

2 双手抱住左腿小腿并拉向胸前，过程中右腿保持笔直，上身避免前倾。

换另一条腿重复以上动作。

★ 股四头肌拉伸及触地

这个动作可以原地进行，也可以行进间进行。

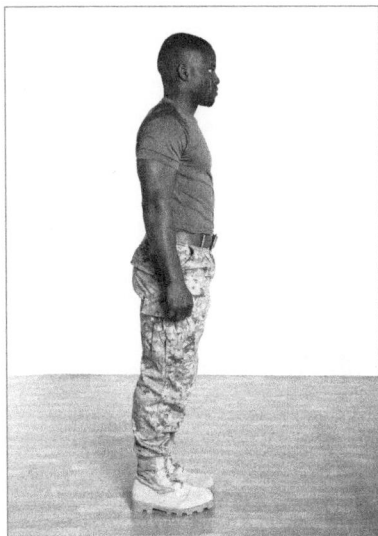

1 立正站好。

2 屈右膝，右手抓住右脚并将其往后拉向臀部，左手尽量向前上方伸出。

3 保持上述姿势不变，弯腰，左手尽量摸到脚尖。

换另一条腿重复以上动作。

★ 前踢腿

这个动作可以原地进行，也可以行进间进行。

1 立正站好，两脚并拢，双臂向前伸出。

2~3 右脚向前上方踢出，尽量踢到手，在放下的同时向前迈一步。

换另一条腿重复以上动作。

★ 提膝外摆

这个动作可以原地进行，也可以行进间进行。

1 立正站好，两手抱于头顶后方。

2 提起右膝并向外摆。

3~4 右膝摆到最大范围后向内收回，最后放下右腿。

5 换另一条腿重复以上动作。

6~7 接着，再次提起右膝并向外摆，做到最大范围后放下右腿。

换左腿重复以上动作，即抬起左膝并向外摆至最大范围，然后向内收回左膝，最后将左腿放下。

★ 跨步击掌

1 立正站好。

2 左腿屈髋屈膝向上抬起，膝盖尽量向前上方抬高，两手在大腿下方击掌，注意身体挺直，不要弯腰。

换另一条腿重复以上动作。

★ 轻拍脚踝

1 立正站好。

2 尽量向上抬起左脚，用手轻轻拍打左脚脚踝的内侧，注意身体挺直，不要弯腰。

换另一条腿重复以上动作。

★行进间高抬腿（向前和向后）

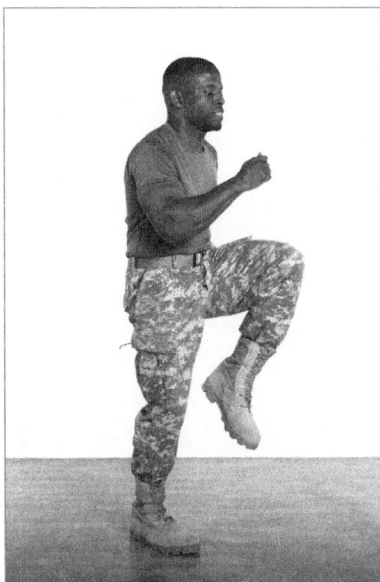

1~2 在向前移动的同时做冲刺状动作：身体微微前倾，屈肘90度，抬起小腿，膝盖尽可能地抬高，抬起的一条腿充分舒展，放下时脚尖着地。

到了设定的目的地之后再返回。

★ 原地提膝摆臂

1~2 屈曲一侧膝关节并尽可能向上方抬起，同时快速摆臂，同侧手臂和腿的动作方向相反。

★ 向前摆腿

1 立正站好。一只手扶着同伴或旁边的树、电线杆、墙或者任何固定的物体。

2 向前伸出一侧腿，保持一段时间，不得放下。

重复几次，换另一条腿完成以上动作。

★ 侧向摆腿

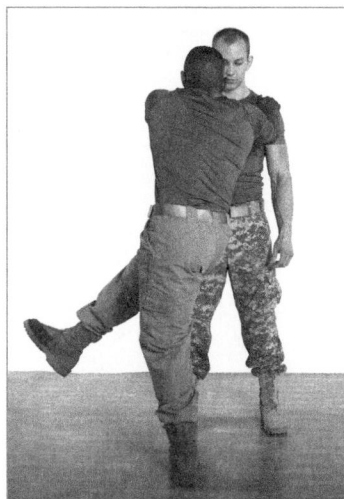

1 立正站好。双手扶着同伴或旁边的树、电线杆、墙或者任何固定的物体。

2 伸出一条腿向外摆，保持一段时间，不得放下。

重复几次，换另一条腿完成以上动作。

★3到9

这个动作可以原地进行，也可以行进间进行。

1 立正站好，两手抱于头顶后方。

2～3 踮起脚尖不停跳跃，脚尖的朝向在时针的3点方向和9点方向之间来回切换。

★臂绕环

1 立正站好，两臂向两侧水平外展。

2 保持上述姿势不变，两手画小圈，慢慢变成大圈。

换相反方向画圈。

★ 头绕环

1 立正站好。

2~3 头以顺时针方向旋转，然后逆时针方向旋转。

★ 快速蹲起

1 立正站好，两手叉腰。

2 下蹲成深蹲姿势（两脚尖朝前，后背挺直，屈髋屈膝成90度），然后快速回到起始姿势。

★ 交叉跳跃

1 立正站好，两臂向两侧水平外展。

2~3 踮起脚尖不停交叉跳跃，两手和两脚先同时向内收，再向外展。

★ 横向移动摆臂过头

1 微微屈髋屈膝站立，双手放在膝盖上。

2~3 在横向移动的同时，向上摆臂过头。

到了设定的目的地之后返回起点，重复以上动作。

★ 快速分腿并腿跳

这个动作应当尽可能快地进行。

1~2 立正站好，两手叉腰，在踮起脚尖跳跃的同时，两腿快速分开再并拢，不停重复这个过程，类似摆臂快速分腿并腿跳去掉手臂动作。

★ 摸脚尖

1 立正站好，向前伸出一只脚，脚尖向上。

2 弯腰，用手尽量触摸脚尖。

换另一条腿重复以上动作。

★ Y型分腿

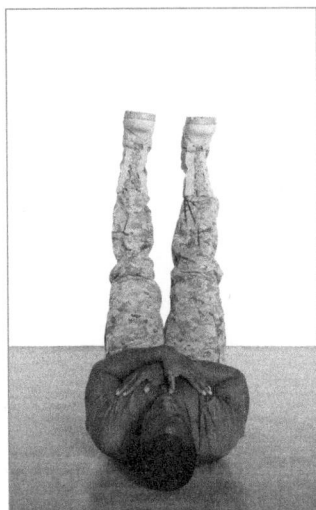

1 平躺在地上，两手抱于胸前。双腿抬起与身体成90度角。

2~3 在两腿保持伸直的同时慢慢向外分开，到最大限度后再慢慢回到起始位置。

★ 卧位踢腿

1 平躺在地上，右腿伸直，屈曲左膝，左脚放在右膝旁边。

2 左膝保持屈曲，右腿尽可能向上踢出。

回到起始位置，重复几次，换另一条腿完成以上动作。

★ 平衡及稳定性训练 ★

　　本部分的训练动作主要针对下肢稳定性以及平衡性。提高下肢稳定性以及平衡性有助于提高整体运动表现，并降低下肢损伤的风险。

★ 单脚支撑摸脚尖

1 单腿站立，右腿支撑，左膝屈曲90度。右手叉腰，左手放于胸前。

2 在注意保持平衡的同时弯腰，左手尽量碰到右脚。

回到起始位置，重复几次，换另一条腿完成以上动作。

★ 自由女神像

1 单腿站立，右腿支撑，左膝屈曲90度。右手叉腰，左手向前上方举起。

2 在注意保持平衡的同时弯腰，左手尽量碰到右脚。

回到起始位置。重复几次，换另一条腿完成以上动作。

★ 推—拉

1 单腿站立，左腿支撑，右膝屈曲90度。

2 上身慢慢地向前倾，右脚向后伸出，两臂向前伸出，直到上身与地面平行。

回到起始位置。重复几次，换另一条腿完成以上动作。

★ 推—保持

与推—拉不同，这是一个静态的动作。

1 单腿站立，左腿支撑，右膝屈曲90度。

2 慢慢地向前倾，右脚向后伸出，两臂向前伸出，直到上身与地面平行，保持这个姿势。

回到起始位置。换另一条腿完成以上动作。

★ 单脚站立触地（全方向）

1 单腿站立，右腿支撑，左膝屈曲90度，在整个动作过程中左腿不要放下。右手叉腰，左手放于左侧大腿前面。

2 弯腰，左手向12点钟方向伸出（触摸右脚尖）。

3 回到起始位置。

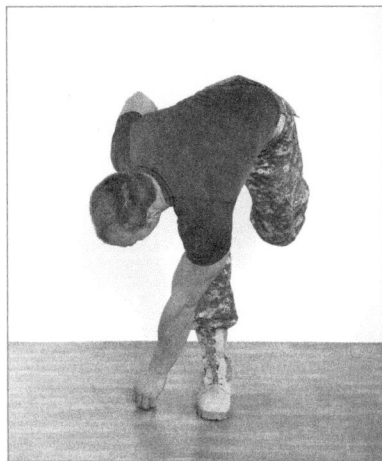

4 再次弯腰，左手分别向3点钟、6点钟和9点钟方向伸出，并触摸地面。

重复几次，换另一条腿完成以上动作。

★ 单脚跳

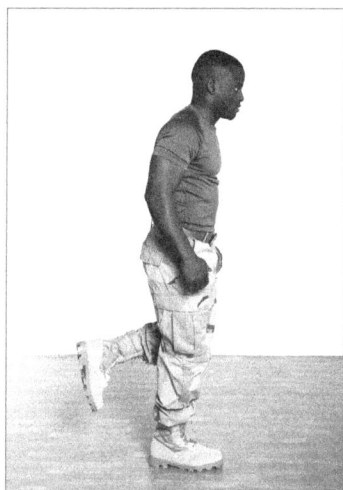

1 单腿站立，右腿支撑，左膝屈曲90度。

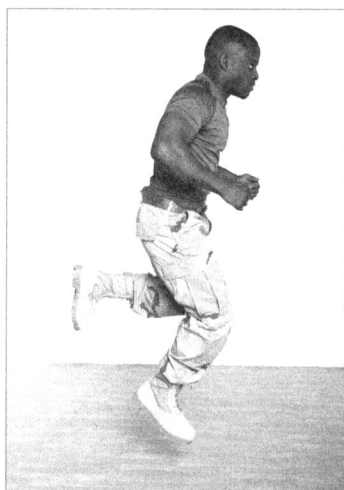

2 向前跳，跳的时候左腿不能接触地面。

回到起始位置。换另一条腿完成以上动作。

★ 单脚向后跳

1 单腿站立，右腿支撑，左膝屈曲90度。

2 向后跳，跳的时候左腿不能接触地面。

回到起始位置。换另一条腿完成以上动作。

★ 三跳一触地

1 单腿站立，左腿支撑，右膝屈曲90度。

2 保持上述姿势跳3下。

3 弯腰，两手触摸左脚脚尖。

回到起始位置。换另一条腿完成以上动作。

★ 侧向跳跃

1 单腿站立，左腿支撑，右膝屈曲
90度，整个动作过程中屈曲的一条腿
不能接触地面。

2 向右边侧向跳跃，换成右脚支撑。

3 向左边侧向跳跃，换回左脚支撑。

★ 侧向跳跃旋转180度

1 单腿站立，右腿支撑，左膝屈曲90度。

2 在向上跳起的同时侧向旋转180度，用右侧腿落地，落地的时候膝关节微屈以缓冲。

重复几次，换另一条腿完成以上动作。

★ 核心稳定性训练 ★

这部分的训练主要针对腰腹部核心区域。良好的核心功能能够增强你的运动表现。

★持军用头盔侧向扭转上举

1 两脚分开站立，膝关节微屈，两手持军用头盔放在左侧大腿外侧。

2 以腰为轴旋转上肢，两臂随之旋转至起始姿势的对角线位置，在这个过程中保持两臂充分伸展。

重复几次，换另对侧方向完成以上动作。

★ 持军用头盔侧向扭转

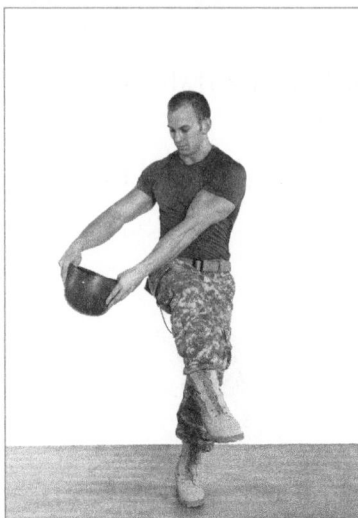

1 立正站好，两手持军用头盔举过头顶，两臂充分伸直。

2 两臂向身体的右下方旋转，同时抬起右膝向上。

重复几次，换另一条腿完成以上动作。

★ 持军用头盔胸前推拉

1 坐在地上，两手持军用头盔，两臂伸直向上举过头顶，两腿伸直。脚跟稍微离开地面一段距离。在整个动作过程中保持核心区域收紧以及两臂伸直。

2~3 将膝关节拉向胸前。两腿慢慢放下，脚跟不要离开地面。

★ 卷腹持球

1 平躺在地上，两臂伸直向上举过头顶，两腿屈髋屈膝成90度，将军用头盔放在小腿上。在整个动作过程中保持核心区域收紧。

2 做卷腹动作，肩部离开地面，两手拿到军用头盔。

3 两手持军用头盔恢复起始姿势。

4 再次做卷腹动作，肩部离开地面，将军用头盔放回小腿上。

重复以上动作。把军用头盔拿起再放回记为重复一次。

★ 卷腹伸展

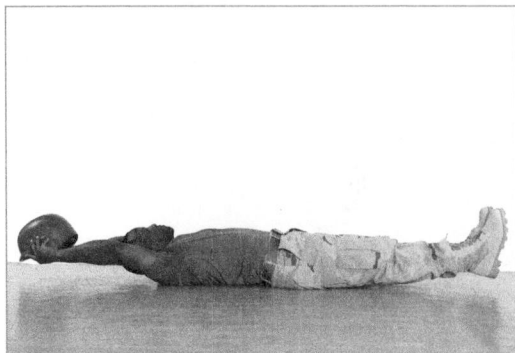

1 平躺在地上，两腿伸直，头和脚跟离开地面3英寸（约7.6厘米）左右。两手持军用头盔，两臂伸直向上举过头顶。在整个动作过程中保持头和脚跟离开地面。

2 在两腿屈髋屈膝成90度的同时做卷腹动作，肩部离开地面，拿军用头盔轻触小腿。

恢复起始姿势。

★ V字形卷腹

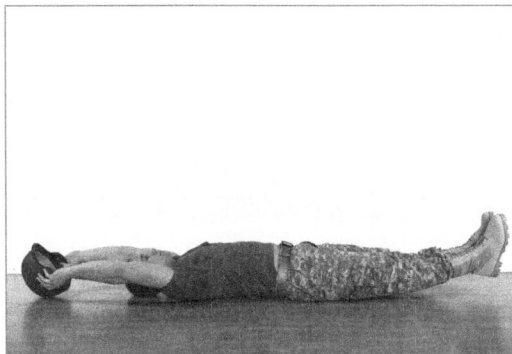

1 平躺在地上，两腿伸直，两手持军用头盔，两臂伸直向上举过头顶。

2 在抬起上身的同时右腿抬起，使上身和右腿形成V字形，拿军用头盔轻触小腿。

慢慢恢复起始姿势，换另一条腿完成以上动作。

★ 双腿交替伸展

1 平躺在地上，两手持军用头盔，两臂伸直向上举至与地面垂直，两腿屈髋屈膝成90度。在整个动作过程中保持头和脚跟离开地面。

2 右腿保持不变，左腿伸直，至左脚踝离开地面8~13厘米。保持这个姿势3秒。

慢慢恢复起始姿势，换另一条腿完成以上动作。

★ 坐位冲拳

1 坐在地上，双膝微屈。在整个动作过程中保持核心区域收紧，后背挺直。

2 左臂向前冲拳，同时左腿伸直，动作运程中双脚脚跟保持离开地面3~5英寸（7.6 ~ 12.7厘米）。

慢慢恢复起始姿势，换另一侧完成以上动作。

★ 织布工

1 坐在地上，双膝微屈，脚跟离开地面8~13厘米，核心区域收紧，两手持军用水壶放在胸前。上半身倾斜，后背挺直。

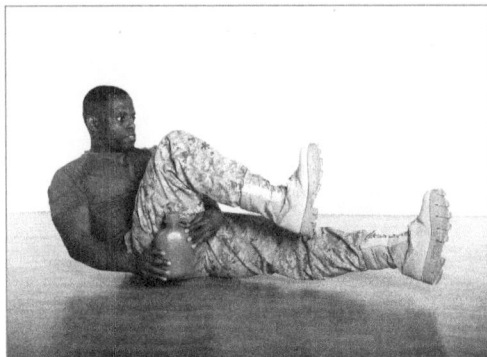

2 将右膝拉向胸前，与此同时伸直左腿，左手从右膝下方将军用水壶递给右手。

换另一侧完成以上动作。

★ 抛接军用头盔

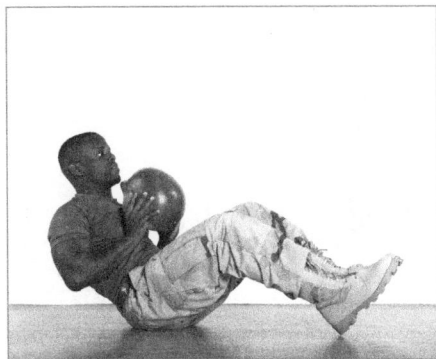

1 坐在地上，脚跟离开地面，后背挺直，膝关节屈曲，两手持军用头盔放在胸前。

2 保持膝关节屈曲、脚跟离开地面，将军用头盔向头顶上方抛出，在这个动作过程中保持核心区域收紧。

接住军用头盔，重复以上动作。

★ 持军用头盔扭转

1 坐在地上，脚跟离开地面，两手持军用头盔放在胸前。在整个动作过程中保持后背挺直。

2~3 上半身向右扭转，用军用头盔触地，然后再向左扭转，用军用头盔触地，注意这个动作尽可能快地完成。

★持军用头盔扭转上举

1 坐在地上，脚跟离开地面，两手持军用头盔放在胸前。在整个动作过程中保持后背挺直。

2~3 上半身向右扭转，然后将军用头盔向头顶举起。

回到起始姿势，换另一侧重复以上动作。

★ 升高平板支撑

把军用头盔放在地上，两手放在军用头盔上做平板支撑。在这个过程中核心区域和臀肌收紧，身体与下肢保持一条直线，髋关节不得下降。保持这个姿势。

★ 降低平板支撑

把军用头盔放在地上，两脚放在军用头盔上做平板支撑。在这个过程中核心区域和臀肌收紧，身体与下肢保持一条直线，髋关节不得下降。保持这个姿势。

★ 平板支撑提膝

1 把军用头盔放在地上，两手放在军用头盔上做平板支撑。

2 右膝向上拉向胸前，碰到右侧肘关节。

换另一侧完成以上动作，重复几次。

★ 降低平板支撑提膝

1 把军用头盔放在地上，两脚放在军用头盔上做平板支撑，两腿充分伸展。

2 右膝向上拉向胸前。

恢复起始姿势，换另一侧完成以上动作。

★ 俯卧撑系列 ★

本部分包含了一系列由俯卧撑演变而来的动作，与传统的俯卧撑相比较，这些动作更具有挑战性，也更有意思，能够帮助你增强上肢的力量。在做所有这些俯卧撑的时候都要注意保持核心区收紧，并且身体姿势正确，也即从侧面看去身体成一条直线：臀部不要太高或太低，两臂与肩同宽，眼睛向下看着地面，头部不要前倾或后仰。有一个方法可以简单地测试你的身体姿势是否正确，即在做俯卧撑的时候在背上放一本书，如果这本书掉下去了，说明姿势不正确。如果以下动作太难，一开始不要先用两脚支撑，改成两膝支撑会简单一些。

★ 半俯卧撑

1 以俯卧撑的撑起姿势为起始姿势，在胸前的地面上放一个军用头盔。

2 身体下降，至胸口与军用头盔接触。恢复起始姿势。

★ 降低俯卧撑

1 以俯卧撑的撑起姿势为起始姿势，双脚放在军用头盔上。

2 身体下降完成一个俯卧撑。

恢复起始姿势。

★ 军用水壶俯卧撑

1 以俯卧撑的撑起姿势为起始姿势，两手放在一个军用水壶上。

2 身体下降完成一个俯卧撑。

恢复起始姿势。

★双手交替俯卧撑

1 以俯卧撑的撑起姿势为起始姿势，一只手比另一只手
位置稍靠前。

2 身体下降做俯卧撑，直到肘关节屈曲90度。

恢复起始姿势，交换两只手的位置重复以上动作。

★ 双手交叉俯卧撑

1 以俯卧撑的撑起姿势为起始姿势。

2 右手支撑,左手放在右手右边,身体重心向右移动。

3~4 左手支撑,右手向右移动,身体重心随之向右移动。身体下降做俯卧撑,直到肘关节屈曲90度。

恢复起始姿势,交换两只手的位置再重复以上动作。

★ 军用头盔上下俯卧撑

1 以俯卧撑的撑起姿势为起始姿势，两手放在军用头盔上。

2~3 保持双臂充分伸展，右手支撑，左手放在地面上，然后左手支撑，右手放在地面上。

4 做一个俯卧撑。

5~6 撑起上身，将右手放在军用头盔上。

再将左手放在军用头盔上，恢复起始姿势，做这个动作时要尽可能快。

★军用头盔上下平板

1 以俯卧撑的撑起姿势为起始姿势，两手放在军用头盔上。

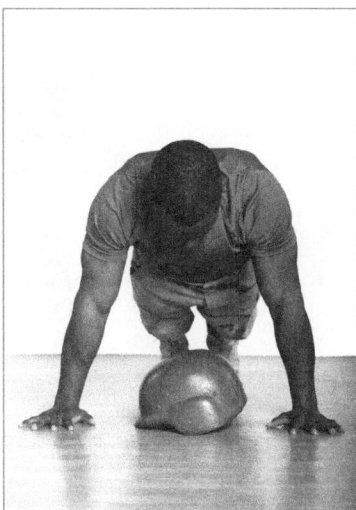

2~3 双臂充分伸展，右手支撑，左手放在地面上，然后左手支撑，右手放在地面上。

按照放下去的顺序再把两只手依次放到军用头盔上来。做这个动作时要尽可能快。

★ 交替摸肩俯卧撑

1 以俯卧撑的撑起姿势为起始姿势。

3 在再次撑起身体的同时左手摸右肩。

2 身体下降完成一个俯卧撑。

4 恢复起始姿势，换另一侧再重复以上动作。

★ 俯卧撑爬行

1 以俯卧撑的撑起姿势为起始姿势。

2~3 身体下降，然后保持两手不动，双脚慢慢向前走。

4~5 一旦你感到已经到了柔韧性的极限，双脚碰到手了，保持两脚不动，两手向前慢慢爬行至俯卧撑的下降姿势。

★ 俯卧撑提膝

1 以俯卧撑的撑起姿势为起始姿势，两脚放在军用头盔上。

2 在身体下降的同时右膝提起碰右肘。

恢复起始姿势，换另一侧再重复以上动作。

★ 俯卧撑快速伸缩复合训练

1 以俯卧撑的下降姿势为起始姿势，军用头盔放在左手旁边。

2~3 突然发力向左上方撑起身体，落在军用头盔的左侧。

恢复起始姿势，突然向右上方撑起身体，落在军用头盔的右侧。

★军用头盔俯卧撑快速伸缩复合训练

1 右手放在军用头盔上，左臂完全伸直，撑起身体。

2 身体下降，过程中保持身体呈一条直线。

3 突然发力撑起身体，恢复起始姿势

换另一侧再重复以上动作。

★ 力量训练 ★

这部分的内容旨在利用自身体重、防弹衣和沙袋增强全身力量。

★ 着防弹衣熊爬

1~2两手和两脚尖着地，膝盖离开地面，背部挺直，收腹。快速向前爬行，注意在爬行过程中，两手和两脚分开与肩同宽，膝盖不能碰到地面。

★ 侧向爬行

1 如图所示，面向地面，两手和两脚尖着地，膝盖离开地面。

2~3 向侧面爬行，在爬行时不要交叉两手或两脚，膝盖也不要着地。

到达设定的目的地后，向相反方向爬行。

★ 着防弹衣侧向仰爬踢腿

1 如图所示，坐在地面上，两手放在背后，两腿屈曲，向上抬起身体，双手双脚支撑体重。

2~3 右腿抬起，向前上方伸直后收回，并放于左脚后方。

到达设定的目的地后，向相反方向仰爬。

★ 登山者

1 如图所示，两手和两脚尖着地支撑身体。

2~3 快速提起一侧膝盖至胸前，再伸直这条腿，快速提起另一侧膝盖至胸前并伸直。

重复上述动作。

★ 俯卧撑爬行复合练习

1 以俯卧撑的下降姿势为起始姿势。

2 做10个俯卧撑后向前爬行至设定的目的地。

到达目的地后，再做10个俯卧撑，并向后爬行至起始位置。

★ 贝拉斯科式

做这个动作时应该尽可能快，移动的距离在10码（约9.1米）左右。

1 如图所示，两手和两脚尖着地，整个动作
过程中膝盖应始终离开地面。

2 向前爬行10码。

3~4 做10个俯卧撑，接着做10个登山者的动作。

再向前爬行10码，之后做10个俯卧撑，接着做10个登山者的动作。

★ 划船

1. 立正站好，双脚并拢，双腿伸直。双臂放于身体两侧，屈肘成90度。

2. 在保持双腿伸直的同时屈髋，上身向下运动，同时双臂向两侧打开，过程中保持
背部平直。

3. 两臂完全伸直后，上身向上运动，回到起始姿势。

★ 弯腰划船

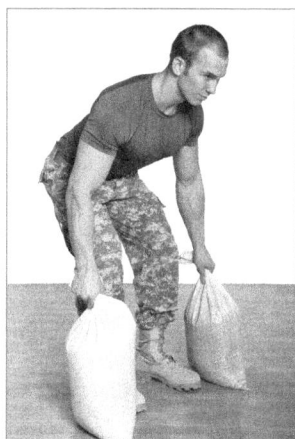

1 立正站好，上身向前倾，两脚微微分开，背部挺直，两臂伸直，两手各执一沙袋，两膝关节微屈，胸部几乎与地面平行。

2 肘关节位于肋骨旁边，向上提起两只沙袋，并向内挤压背部的肌肉。慢慢回到起始姿势。

★ 直立交替举沙袋

1 立正站好，两脚分开与肩同宽，两手各执一沙袋。

2 左手向上举起沙袋，左侧肘关节指向天花板，用左手碰下巴。

一旦沙袋碰到下巴后，回到起始位置。换另一侧再重复以上动作。

★ 耸肩划船

1 立正站好，两脚分开与肩同宽，两手各执一沙袋。

2 左右两边同时耸肩。

3 右侧肘关节向上抬起并指向天花板，右手触到下巴。

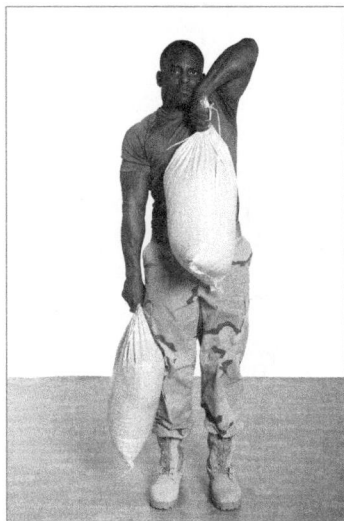

4 回到起始姿势，换左侧手臂重复上述动作。

★ 立位划船

1 立正站好，双脚并拢，两腿伸直，两臂放在体侧，屈肘成90度。

2 在保持两腿伸直的同时，慢慢向后倾倒，手臂打开。

★ 单手引体向前

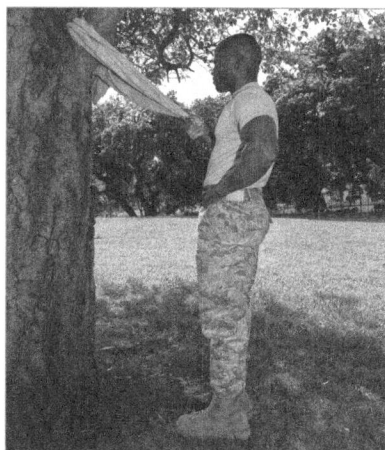

1 将一条带子缠在树上，一手握住，身体直立，向后倾倒。

2 慢慢将身体拉向前，直到站直。

★ 分开推举

1 立正站好，双脚并拢，两腿伸直，两臂放在体侧，屈肘成90度。

2 保持两腿伸直，上半身慢慢后倾使身体下降，直到上肢达到最大活动范围。确保身体的下降是因为上半身的后倾而不是因为弯腰。

3 回到起始姿势，同时两臂向两侧展开，使身体形成一个T字形。

★ 头上沙袋推举

1 立正站好，两脚分开与肩同宽，两手拿一沙袋放在胸前。

2 将沙袋举过头顶，直到两臂达到最大的伸展。

回到起始姿势。

★ 胸前沙袋推举

1 平躺在地面上，屈髋屈膝成90度；两手拿一沙袋放在胸前，距离身体3~5英寸。抬起头，眼睛看着大腿。

2 向上推起沙袋，直到两臂伸展到最大程度。

回到起始姿势。

★ 胸前沙袋推举和腿部伸展

1 平躺在地面上，屈髋屈膝成90度，两手拿一沙袋放在胸前，距离身体3~5英寸。抬起头，眼睛看着大腿。

2 在向上推起沙袋的同时将两腿伸直，脚跟不要接触地面。

回到起始姿势。

★ 肱二头肌沙袋弯举

1 立正站好，两脚分开与肩同宽，两手各执一沙袋放在体侧。

2 屈肘举起沙袋，直到达到最大活动范围或将两手碰到肩关节。

回到起始姿势，换另一侧进行练习。

★ 单臂肱二头肌沙袋弯举

立正站好，两脚分开与肩同宽，两手各执一沙袋放在体侧，肘关节微屈，屈曲一侧的肘关节至90度，保持这个姿势。回到起始姿势，换另一侧进行练习。

★ 执沙袋快走

走到目的地再走回来即为一次，尽可能地多走几次。

1 立正站好，两手各执一沙袋放在体侧。

2 快速地向设定的目的地走去，注意不要跑起来。

★ 沙袋外摆

1 立正站好，两脚分开与肩同宽，两手共执一沙袋放在体前。在整个动作过程中两臂始终保持伸直状态。

2 为了产生更大的力量，上身前倾，髋关节向后移动，前后摇摆沙袋。

3 在上肢达到最大活动范围时，髋关节迅速前移，身体站直，两手将沙袋向外摆到最大（约在眼睛的水平位置），此时两臂与身体垂直。

4 放下沙袋时上身再次前倾，髋关节向后移动，继续用髋关节的移动控制沙袋的移动范围。

★ 单臂沙袋外摆

1 立正站好，两脚分开与肩同宽，右手叉腰，左手执一沙袋放在体前。在整个动作过程中左手始终保持伸直状态。

2 为了产生更大的力量，上身前倾，髋关节向后移动，前后摇摆沙袋。

3 当上肢达到最大活动范围时，髋关节迅速前移，身体站直，单臂将沙袋向外摆到最大高处（约在眼睛的水平位置），此时左臂与身体垂直。

4 放下沙袋时上身再次前倾，髋关节向后移动，继续用髋关节的移动控制沙袋的移动范围。

★ 交替剪蹲

1 立正站好，两脚分开与肩同宽。

2 左脚向前迈出一步，使得两腿均屈膝成90度，右膝关节不得接触地面。

回到起始姿势，换另一侧重复该练习。

★ 静态剪蹲军用头盔上举

1 呈静态剪蹲姿势，两腿均屈膝90度，支撑腿的膝关节不得接触地面，两手持军用头盔抱在胸前。

2 把军用头盔向上举过头顶，至两臂达到最大限度的伸展。

回到起始姿势，换另一侧重复该练习。

★ 静态剪蹲军用头盔前平举

1 呈静态剪蹲姿势，两腿均屈膝90度，支撑腿的膝关节不得接触地面，两手持军用头盔抱在胸前。

2 把军用头盔向前推出，至两臂达到最大程度的伸展。

回到起始姿势，换另一侧重复该练习。

★ 深蹲

1 立正站好，两脚分开与肩同宽，两手放在胸前。

2 保持脚尖不离开地面，慢慢向下蹲，直到大腿与小腿之间成90度角。

回到起始姿势。

★ 深蹲推举

1 立正站好，两脚分开与肩同宽，两手拿一军用头盔放在胸前。

2 保持脚尖不离开地面，慢慢向下蹲，直到大腿与小腿之间成90度角。

3 在回到起始姿势的同时把军用头盔举过头顶，直到两臂达到最大程度的伸展。

★ 单腿深蹲

1 立正站好，右腿支撑，左脚抬离地面3~5英寸，两肘关节微屈放于体侧。

2 慢慢向下蹲，直到手达到最低高度，且右腿的大腿与小腿之间成90度角。

回到起始姿势。

重复以上动作并换另一侧进行练习。

★ 沙袋深蹲和推举

1 立正站好，两脚分开与肩同宽，两手拿一沙袋放在胸前。

2 保持脚尖不离开地面，慢慢向下蹲，直到大腿与小腿之间成90度角。

3 在回到起始姿势的同时，将沙袋举过头顶，直到两臂达到最大程度的伸展。

★ 深蹲抛沙袋

1 立正站好，两脚分开与肩同宽，两手拿一沙袋放在胸前。

2 保持脚尖不离开地面，慢慢向下蹲，直到大腿与小腿之间成90度角。

3 快速回到起始姿势之后，立即尽力将沙袋向前上方抛出。允许沙袋掉在地上。

★ 旋转抛沙袋

1 立正站好，两脚分开与肩同宽，两手拿一沙袋放在胸前。

2 在缓慢蹲下的同时身体向右下方旋转，将沙袋随之拿到右膝的外侧。

3 迅速向左上方旋转身体，并将沙袋抛出。允许沙袋掉在地上。

★ 向后抛沙袋

1 立正站好，两脚分开与肩同宽，两手拿一沙袋放在胸前。

2 保持脚尖不离开地面，慢慢向下蹲，直到大腿与小腿之间成90度角。

3 快速站直身体，并立即尽力将沙袋向后上方抛出。

允许沙袋掉在地上。

★ 俯卧撑深蹲抛沙袋

1 以俯卧撑的下降姿势为起始姿势，两手放在沙袋上。

2~3 撑起身体，迅速向前跳跃成深蹲姿势，然后抓住沙袋。

4 迅速站直身体，向上抛出沙袋。

允许沙袋掉在地上。

★ 小组训练 ★

这一部分的动作需要你和同伴一起完成，你们都能从这些动作的练习中获益。

★ 原地冲刺跑

在尽力向前冲的同时，你的同伴将一件作战服穿过你的腰并向后拉，以提供向后的阻力。在整个动作过程中，注意保持身体前倾，两肘关节屈曲成90度，膝盖顶到最前面时两小腿平行，用脚尖着地。

★ 抗阻侧向走

1 立正站好，微微屈髋屈膝，两肘成90度角放在体侧，你的同伴将一件作战服穿过你的腰并向外拉。

2 在你的同伴向外提供阻力的同时，你慢慢向侧面走，注意身体始终向前，两脚不要交叉。

换另一侧进行以上动作的练习。

★ 抗阻侧向走蹲起

1 立正站好，微微屈髋屈膝，两肘成90度角放在体侧，你的同伴将一件作战服穿过你的腰并向外拉。

2 在你的同伴向外提供阻力的同时，你慢慢向侧面走，注意身体始终向前，两脚不要交叉。

3 到达目的地后，下蹲并用两手触地。

换另一侧进行以上动作的练习。

★ 抗阻向后走

1 立正站好，微微屈髋屈膝，两肘成90度角放在体侧，你的同伴将一件作战服穿过你的腰并向前拉。此时你的膝关节屈曲成90度，挺胸，并在后面的动作中保持这个姿势。

2 在你的同伴向前提供阻力的同时，你慢慢地向后走，注意身体始终朝前。走到设定的目的地后再走回来，记为重复一次该动作。

★ 抗阻俯卧撑

1 以俯卧撑的撑起姿势为起始姿势，你的同伴将两手放在你的背部。

2 在你的同伴提供向下阻力的同时，你完成一个俯卧撑。如果感到他给的阻力太大，可以改成让你的同伴只用一只手提供阻力。

动作调整：也可以改成用膝关节撑地做俯卧撑。

★ 脚部抬高俯卧撑

1 以俯卧撑的撑起姿势为起始姿势，你的同伴用两手抓住你的两脚脚踝。

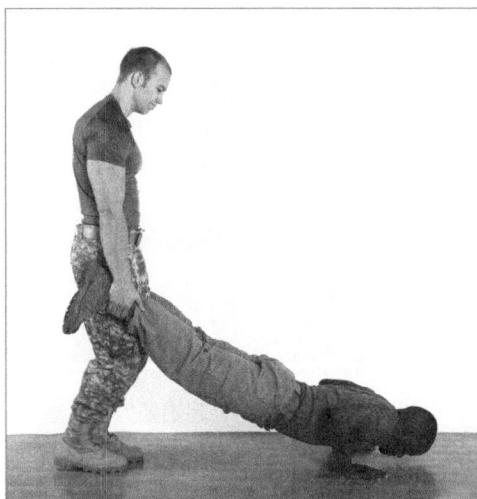

2~3 你用手向前爬10步，再做规定数目的俯卧撑，同伴抓着你的脚踝不要动。

★ 双人引体向上

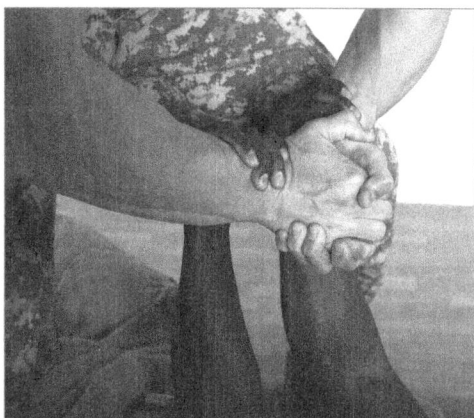

1 平躺在地面上，两腿伸直。你的同伴两腿分开，两脚分别放在你的胸部两侧，微微屈髋屈膝，挺胸，背部挺直，两手握在一起。你的两臂伸直，两手分别抓住同伴的两前臂。

2 慢慢将身体拉起，直到你的胸口碰到同伴的手。

回到起始姿势。

★ 环游世界

1 平躺在地面上，你的同伴站在你的脚边，两手拿着一个军用头盔。

2 做一个仰卧起坐，并用手碰到军用头盔。

3 回到起始姿势。你的同伴移动军用头盔到不同的位置，你继续做仰卧起坐并用手碰军用头盔。

★抗阻军用头盔推举

1 平躺在地面上，两手拿着一个军用头盔，两臂向上伸直，两腿屈髋屈膝成90度。你的同伴站在你的头部附近，稍微弯腰，两脚分开，挺胸，背部伸直，两手放在军用头盔的顶上。

2~3 同伴缓慢地用力向下压军用头盔至你的双肘屈曲成90度，过程中你需要与同伴施加的力进行对抗。然后你缓慢地用力向上推起头盔，过程中同伴保持向下施加压力，形成对抗。

★ 单腿屈曲

在这个动作的整个过程中，你的同伴都要持续不断地提供阻力。

1 趴在地上，你的同伴两腿分开，两脚放在你的大腿两侧，看着你的脚的方向，屈髋屈膝，后背挺直，左手按在你的右踝关节的后面。

2 右腿屈膝，你的同伴给你阻力。

回到起始姿势。重复以上动作并换另一侧进行练习。

★ 双腿屈曲

在这个动作的整个过程中，你的同伴都要持续不断地提供阻力。

1 趴在地上，你的同伴两腿分开，两脚放在你的大腿两侧，看着你的脚的方向，屈髋屈膝，两手分别按在你的两个踝关节的后面。

2 屈膝，你的同伴给你阻力。

回到起始姿势。重复以上动作。

★背人走

1 背起你的同伴，两手固定住同伴的两腿，同伴用两手抱住你的颈部。

2 背着你的同伴快速向设定的目的地走，走到目的地后再走回来记为重复一次该动作。

★ 颈部抗阻（左向右）

做这个动作时，你和你的同伴可以选择站着或坐着完成。

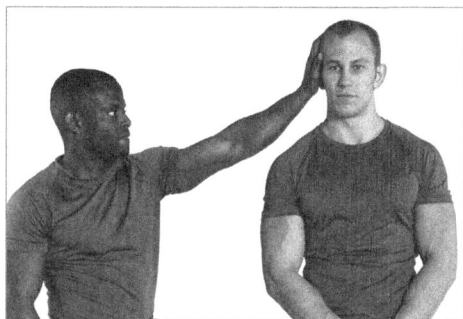

1 你的上肢挺直，你的同伴用左手抵在你的右耳朵上且左臂伸直。

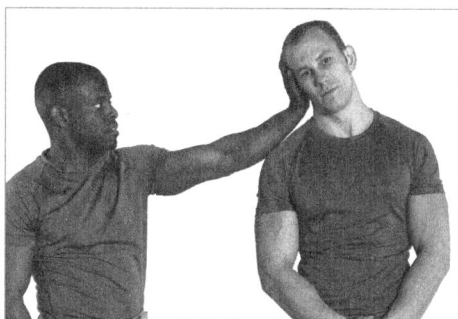

2 慢慢向右侧屈曲头部，与此同时你的同伴给你提供阻力。注意这个动作是靠颈部发力完成的，而不是靠肩膀。

一旦你达到最大的屈曲位置，回到起始姿势。重复以上动作并换另一侧进行练习。

★ 颈部抗阻（前和后）

做这个动作时，你和你的同伴可以选择站着或坐着完成。

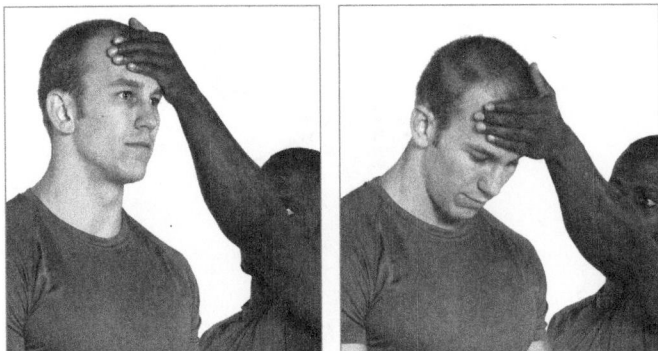

1~2 你的上身挺直，你的同伴用左手抵在你的额头上且左臂伸直。你慢慢向前屈曲头部，与此同时你的同伴给你提供阻力。注意这个动作是靠颈部发力完成的，而不是靠肩膀。

一旦你达到最大的屈曲位置，就回到起始姿势。重复以上动作一定的次数。

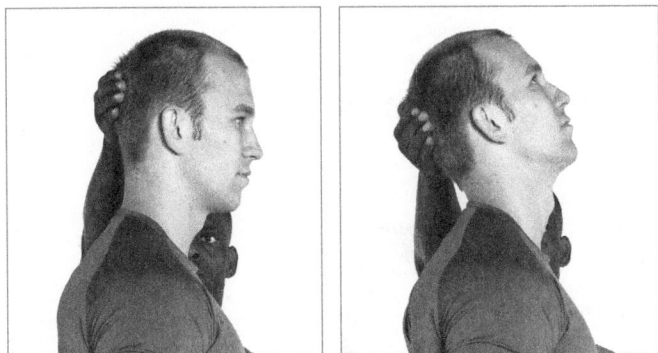

3~4 然后你的同伴用右手抵在你的后脑勺上，你慢慢向后伸展头部，与此同时你的同伴给你提供阻力。

一旦你达到最大的屈曲位置，就回到起始姿势。重复以上动作一定的次数。

★ 灵敏性、速度以及
快速伸缩复合训练 ★

这部分的动作多是模拟冲刺动作模式，能够帮助你提高直线冲刺以及变向的能力。应当尽全力完成这部分动作，将你的注意力放在速度和准确性上。

在开始练习之前，首先熟悉一下速度练习的一些姿势。

手的姿势

在以下动作中选一个作为你训练时的手部姿势。

两手打开： 两手完全放松打开。　　　　　　**两手握空心拳：** 食指和拇指捏在一起。

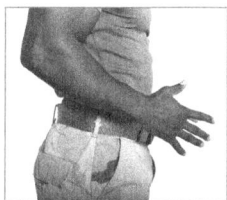

训练姿势

训练姿势是在进行这部分训练时的起始和结束姿势。

两脚开立与肩同宽，微微屈髋屈膝，两肘关节屈曲成90度位于体侧。

★ 跑步姿势摆臂

这个练习旨在改善跑步时上肢的生物力学特征。原地摆臂的速度应当尽可能地快，在向前或向后跑时注意应用这个动作。

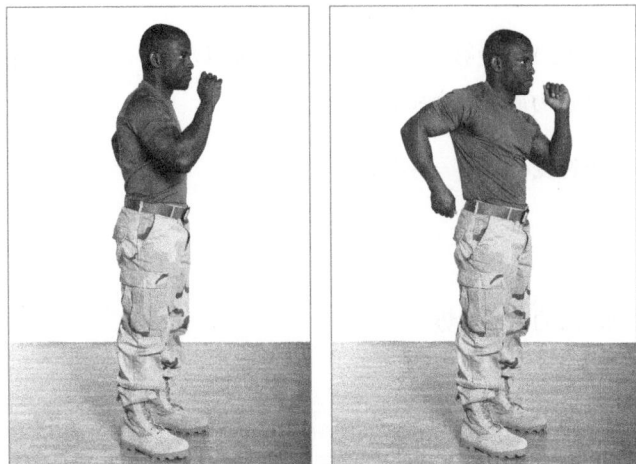

1~2 立正站好，两臂屈肘90度，肩关节发力带动手臂的动作。摆臂时手的位置在下巴和腰部之间，两手的运动平面平行。

★ 两脚空中快速交替

1 将作战服叠成一条，两脚一前一后站在作战服两侧。

2~3 轻轻向上跳起，在空中交换两条腿的位置后落地，注意用前脚掌着地。这个练习应尽可能快地完成。

★ 横向跳跃

1 将作战服叠成一条，站在它的右侧，两手叉腰，膝关节微屈。

2~3 快速向左上方跳起并落在作战服的左侧，注意用前脚掌着地。

★ 快速冲刺

1~2 原地迅速高抬腿，动作越快越好，支撑腿充分伸展。在整个动作过程中上身微微前倾，两臂屈肘成90度，用前脚掌着地，并注意小腿的位置。

★ 深蹲跳

1 以前文描述的训练姿势站好。

2 两臂迅速向上摆动，并带动身体向上跳起。

3 注意用前脚掌着地，膝关节微屈以缓冲落地时的震动。

★ 侧向快速跨步

1 将作战服叠成一条，站在它的后方，以前文描述的训练姿势站好。

2～3 向作战服的另一侧快速冲刺。

快速回到起始姿势。

★ 跨步触地

1 将作战服叠成一条，站在它的后方，以前文描述的训练姿势站好，两手触地。

2~3 向作战服的另一侧快速冲刺，两手触地后再迅速冲刺回起始位置。

★ 作战服跨步

1 将作战服叠成一条，站在它的后边，以前文描述的训练姿势站好。

2~3 用前脚掌着地，右脚带动左脚，向作战服的前边快速冲刺。

快速回到起始姿势。换成相反快速冲刺方向重复该练习。

★ 俯卧撑侧向冲刺

1 将作战服叠成一条，趴在它的一边，以俯卧撑的下降姿势为起始姿势。

2~3 做一个俯卧撑，然后迅速冲向作战服的另一边。

到了另一边之后，再做一个俯卧撑，接着迅速冲刺回到起始位置。

★ 侧向冲刺跳跃

1 将作战服叠成一条，站在它的右边，以前文描述的训练姿势站好。

2~3 双手上举并向上跳起，然后做一次深蹲，接着迅速冲向作战服的左边。

4 到了作战服的另一边之后，双手上举并向上跳起，然后做一个深蹲，接着迅速冲刺回到起始位置。

★ 向后冲刺

1 将作战服叠成一条，站在它的一边，迅速冲向另一边。

2 到了另一边之后，向后快速返回起始位置。

★ 交替踢军用头盔

1 将军用头盔放在地上，左腿支撑，右脚放在军用头盔顶上。

2~3 跳起来，换用右腿支撑，左脚放在军用头盔顶上，注意使用前脚掌着地，两腿不停重复上述交替动作。

★绕军用头盔小跑

1 将军用头盔放在地上，站在它的后面，以前文描述的训练姿势站好。

2~5 绕着军用头盔小跑一圈，注意双脚不要交叉。

以相反方向再完成一次该练习。

★ 军用头盔障碍跳

1 将军用头盔放在地上，站在它的后面，以前文描述的训练姿势站好。

2 两臂迅速向上摆动，带动身体向上跳起，跳过军用头盔。

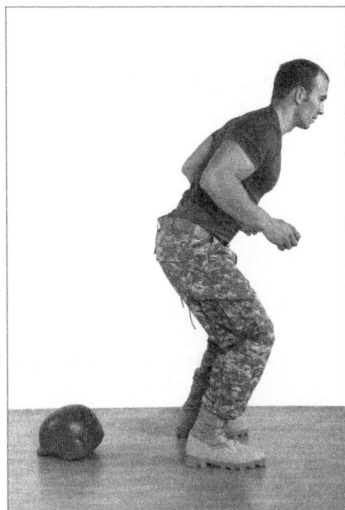

3 注意用前脚掌着地，膝关节微屈以缓冲落地时的震动。

★ 军用头盔障碍跳转身

1 将军用头盔放在地上，站在它的后面，以前文描述的训练姿势站好。

2 两臂迅速向上摆动，带动身体向上跳起，跳过军用头盔。

3~5 落地后再次向上跳起并迅速转身，面朝军用头盔，接着跳过军用头盔。

这个练习应尽可能快地完成。

★4次敲击-360度环绕

1 将军用头盔放在地上，左腿支撑，右脚放在军用头盔顶上。

2~4 迅速交换4次两脚的位置，每次用脚尖轻点军用头盔顶，然后绕着军用头盔小跑一圈。

以相反方向再完成一次该练习。

★ 360度熊爬

1 以俯卧撑的下降姿势为起始姿势，
胸前的地面上放一个军用头盔。

2~5 保持膝关节离开地面，在两手和两脚不交叉的情况下，迅速绕
着军用头盔爬一圈。

以相反方向再完成一次该练习。

★ 越过军用头盔

1 将军用头盔放在地上，站在它的左侧，以前文描述的训练姿势站好。

2~5 右脚踏上军用头盔，左脚踏上军用头盔。右脚向右迈下，接着左脚向右迈下军用头盔。注意双脚不要交叉。

迅速改变方向，再完成一次该练习。

★ 冲刺摸军用头盔

1 将军用头盔摆在目的地，快速冲向目的地。

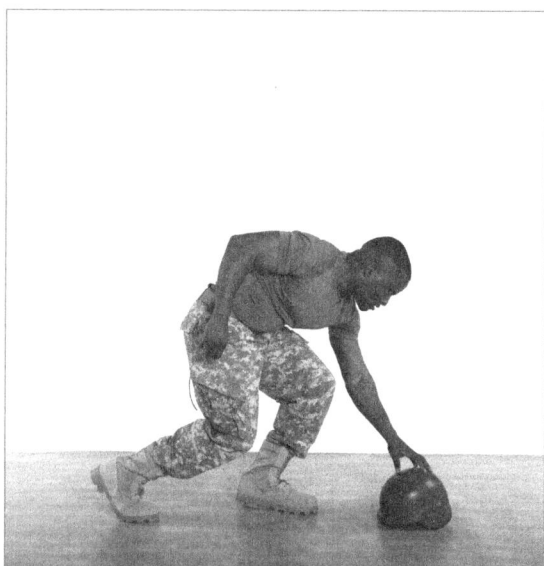

2 到了目的地后蹲下摸军用头盔。

冲刺回到起始位置。

★ 冲刺双脚交替拍击军用头盔

1 将军用头盔摆在目的地，快速冲向目的地。

2 到了目的地后，在规定的时间内完成几次双脚交替拍击军用头盔或完成规定的次数。

冲刺回到起始位置。

★ 冲刺绕圈跑

1 将军用头盔摆在目的地，快速冲向目的地。

2 到了目的地后，绕着军用头盔小跑一圈。

冲刺回到起始位置。

★ 跳起冲刺

1 将作战服叠成一条，站在它的左边，以前文描述的训练姿势站好。

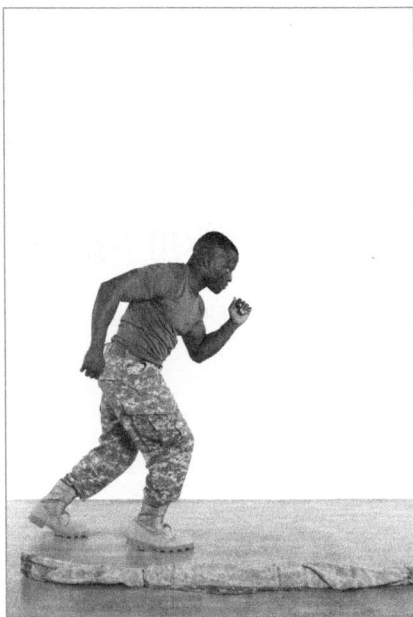

2~3 做一个深蹲跳，并迅速冲向作战服的另一侧。

到达另一侧之后，再做一个深蹲跳，并迅速冲回起始位置。

★ 武术训练 ★

这部分内容精选了一系列的武术动作，包括空手道、跆拳道和泰拳，能够提高你的有氧能力。这些动作可能有些难度，尽量去完成。

在开始练习之前，应该先熟悉一下格斗姿势，在进行每个格斗动作时都应该在格斗姿势的基础上，以格斗姿势开始，并以格斗姿势结束。

格斗姿势

两腿一前一后分开侧面站立，优势侧位于后方，双膝微屈，下巴收紧，双拳也一前一后放在胸前，后面的拳贴着下巴。

★ 前手直拳（以右侧为优势侧做展示）

1 以格斗姿势站好。

2 左肩关节发力将拳冲出，左臂充分向前伸展，直到肩关节碰到下巴。在这个过程中，始终紧握右拳以保护下巴。

冲拳结束后立即回到格斗姿势。

★后手直拳（以右侧为优势侧做展示）

1 以格斗姿势站好。

2 以右脚尖为轴，将身体向左旋转，右肩向前，右拳冲出，右臂充分向前伸展，直到肩关节碰到下巴。在这个过程中，左拳始终紧握以保护下巴。

冲拳结束后立即回到格斗姿势。

★ 前手勾拳（以左侧为优势侧做展示）

1 以格斗姿势站好。

2 充分旋转身体送出右拳，右肩、肘和拳画一个弧线越过身体中线，在这个过程中屈肘的角度保持不变。耸右肩以保护下巴，左拳始终紧握以保护下巴。

冲拳结束后立即回到格斗姿势。

★前手上勾拳（以右侧为优势侧做展示）

1 以格斗姿势站好。

2 髋关节降低成半蹲状，充分旋转身体并将左拳向上打出至视线高度，在这个过程中屈肘的角度保持不变。耸左肩以保护下巴，右拳始终紧握以保护下巴。

冲拳结束后立即回到格斗姿势。

★后手上勾拳（以左侧为优势侧做展示）

1 以格斗姿势站好。

2 髋关节降低成半蹲状，充分旋转身体并将左拳向上打出至视线高度，在这个过程中屈肘的角度保持不变。耸左肩以保护下巴，右拳始终紧握以保护下巴。

冲拳结束后立即回到格斗姿势。

★ 前手肘击（以左侧为优势侧做展示）

1 格斗姿势站好。

2 右肘抬高并向前击打出，与此同时左肩关节向后移动。肩关节和髋关节先向左旋转，以发出更大的力量。右肘关节不得越过身体中线。左拳始终紧握以保护下巴。

冲拳结束后立即回到格斗姿势。

★ 后手肘击（以左侧为优势侧做展示）

1 以格斗姿势站好。

2 左肘抬高并向前击出，与此同时右肩关节向后移动。肩关节和髋关节先向右旋转，以发出更大的力量。左肘关节不得越过身体中线。右拳始终紧握以保护下巴。

冲拳结束后立即回到格斗姿势。

★ 快速下蹲（以右侧为优势侧做展示）

1 以格斗姿势站好。

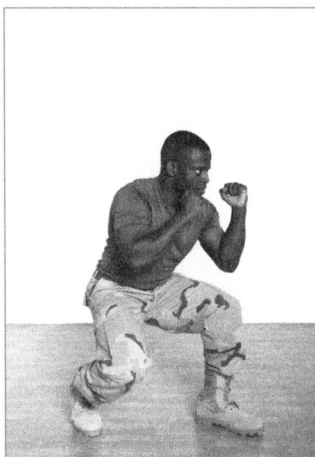

2 双拳保护好下巴，迅速下蹲至大腿与小腿间呈90度左右。

回到格斗姿势。

★ 前冲膝（以左侧为优势侧做展示）

1 以格斗姿势站好。

2 左膝微屈，右膝向前冲出，与此同时右臂自然地向后摆动至膝盖后方。右踝离开地面后，始终保持绷脚尖的状态，以保护踝关节。

★ 后冲膝（以左侧为优势侧做展示）

1 以格斗姿势站好。

2 右膝微屈，左膝向前冲出，与此同时左臂自然地向后摆动至膝盖后方。左踝离开地面后，始终保持绷脚尖的状态，以保护踝关节。

★ 正踢腿（以左侧为优势侧做展示）

1 以格斗姿势站好。

2~3 左腿伸直向前方踢出，脚尖朝上，与此同时左臂
自然地向后摆动，以产生更大的攻击力。

★ 侧踹腿（以左侧为优势侧做展示）

也可以进行后侧踹练习。

1 以格斗姿势站好。

2~3 将身体重心移动到右腿上，双拳先紧握以保护下巴，然后右臂自然地向后摆动，身体向支撑腿的方向倾斜。左腿抬起，左膝屈曲，大小腿充分折叠后向外踹出，以脚跟为着力点尽可能向外伸展，踢击的高度大概为对手的胸部水平。

动作完成后回到格斗姿势。

20个拳法和肘法组合

1 前手直拳，后手直拳

2 前手直拳，前手直拳，后手直拳

3 前手直拳，后手直拳，前手直拳，后手直拳

4 前手直拳，后手直拳，前手勾拳

5 后手直拳，前手勾拳，后手直拳

6 后手直拳，前手勾拳，后手上勾拳

7 后手直拳，前手肘击，后手直拳

8 前手上勾拳，快速下蹲，后手上勾拳

9 前手肘击，后手上勾拳，前后手上勾拳，后手上勾拳

10 前手上勾拳，快速下蹲，勾拳，后手直拳

11 后手直拳，前手肘击，后手直拳，前手肘击

12 快速下蹲，前手肘击，快速下蹲，后手上勾拳

13 上勾拳，勾拳，后手直拳

14 勾拳，快速下蹲，勾拳，快速下蹲，勾拳

15 勾拳，后手直拳，快速下蹲，后手直拳，快速下蹲，勾拳

16 后手直拳，前手上勾拳，快速下蹲，勾拳，后手直拳，前手肘击

17 前手直拳，后手直拳，勾拳，快速下蹲，快速下蹲，勾拳，后手直拳，勾拳，后手直拳

18 勾拳，后手直拳，前手上勾拳，后手直拳，快速下蹲，后手直拳

19 后手上勾拳，勾拳，后手直拳，前手肘击，后手直拳，勾拳，勾拳

20 自由组合

20个拳法和腿组合

1 前手直拳，后手直拳，前正踢腿

2 前手直拳，后手直拳，前冲膝，后冲膝

3 前手直拳，后手勾拳，后冲膝

4 前手直拳，前冲膝，正踢腿

5 前手直拳，正踢腿，正踢腿

6 后手直拳，后手勾拳，后冲膝

7 后手直拳，后手直拳，侧踹腿

8 后手直拳，后手勾拳，后冲膝，侧踹腿

9 后手直拳，前手上勾拳，前冲膝，后冲膝

10 前手直拳，后手直拳，前手肘击，前冲膝，后冲膝

11 前冲膝，前冲膝，后冲膝

12 前手肘击，后手直拳，前冲膝，前冲膝，前冲膝

13 前冲膝，后冲膝，前冲膝，后冲膝

14 前冲膝，侧踹腿，前冲膝，侧踹腿

15 前冲膝，快速下蹲，后冲膝，快速下蹲，侧踹腿，侧踹腿

16 前手上勾拳，后手上勾拳，前冲膝，后冲膝

17 后冲膝，侧踹腿，后冲膝，侧踹腿

18 快速下蹲，前冲膝，快速下蹲，后冲膝

19 快速下蹲，后冲膝，正踢腿，快速下蹲，后手直拳

20 自由组合

★ 柔韧性训练 ★

这部分的练习能够帮你改善全身的柔韧性。良好的柔韧性素质能够提高整体的运动表现，降低损伤的发生风险。每个拉伸动作持续大约10秒。

★股四头肌拉伸

立正站好，重心移到左腿上，右手抓住右脚并保持平衡，保持这个姿势10秒后换另一条腿重复以上练习。

拉伸到的部位： 股四头肌（大腿前侧）

★ 脚踝绕环

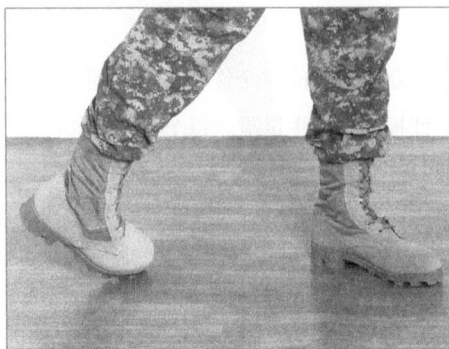

立正站好，右脚尖点地，以脚尖为轴顺时针旋转右脚，接着逆时针旋转。每个方向都做10秒左右，换另一条腿重复以上练习。

拉伸到的部位： 大腿外侧、踝关节周围软组织

★ <u>立位抱膝</u>

立正站好，重心移到左腿上，右膝向上抬起，两手抱住右膝，保持这个姿势10秒后换另一条腿重复以上练习。

拉伸到的部位： 臀肌（臀部）、腘绳肌、屈髋肌

★ 弓步小腿拉伸 I

前弓步站好，两手叉腰，前面的膝关节屈曲。后面的腿充分伸展且脚跟不能离开地面，身体重心逐渐前移直到小腿后面感受到强烈的拉伸感，保持这个姿势10秒后换另一条腿重复以上练习。

拉伸到的部位： 小腿三头肌、小腿外侧肌肉、跟腱

★ 弓步小腿拉伸 II

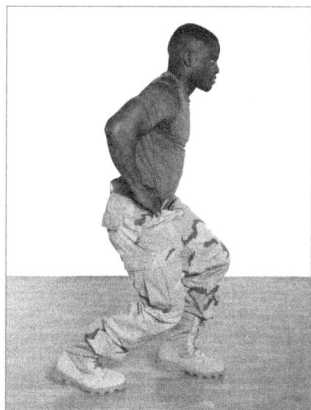

前弓步站好，两手叉腰，前面的膝关节屈曲。后面的腿充分伸展，膝关节压向地面，脚跟离开地面，直到小腿后面感受到强烈的拉伸感，保持这个姿势10秒后换另一条腿重复以上练习。

拉伸到的部位： 小腿外侧肌肉、跟腱

★ 侧向弓步拉伸

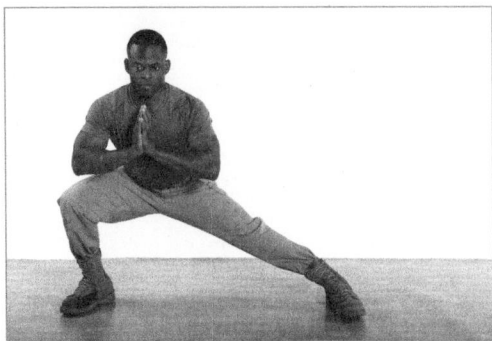

站立位，两脚分开与肩同宽，双手合十位于胸前。微微屈髋慢慢向右边蹲下，注意在做动作过程中脚不能离开地面，且左腿始终伸直。直到大腿内侧感受到强烈的拉伸感。保持这个姿势10秒后换另一条腿重复以上练习。

拉伸到的部位：腹股沟、大腿内侧、腘绳肌

★ 直腿拉伸

右腿跪在地上，左腿伸直，脚尖朝上。弯腰向前，两手尽量摸到左脚脚尖，直到大腿后面感受到强烈的拉伸感。保持这个姿势10秒后换另一条腿重复以上练习。

拉伸到的部位：臀肌（臀部）、腘绳肌、小腿三头肌、下背部

★ 跪位股四头肌拉伸

左腿屈髋屈膝90度，左脚平放在地面上，右膝触地。右手于身后抓住右脚，左手放在左膝上以保持平衡。向内拉右脚直到大腿前侧感受到强烈的拉伸感。保持这个姿势10秒后换另一条腿重复以上练习。

拉伸到的部位： 股四头肌（大腿前侧）

★ 坐位4字拉伸

坐在地上，右腿伸直，左踝置于右腿下方，低头，身体尽量向左腿方向压低。保持这个姿势10秒后换另一条腿重复以上练习。

拉伸到的部位： 臀肌（臀部）、腘绳肌、腹股沟、髋部、下背部

★ 腹股沟拉伸 I

两脚开立稍比肩宽，保持背部挺直下蹲，两脚不得离开地面，双手摸双脚。肘关节位于膝关节内侧，并拉伸膝盖向外，直到大腿内侧感受到强烈的拉伸感。保持这个姿势10秒。

拉伸到的部位： 腹股沟

★ 腹股沟拉伸 II

坐在地上，两脚底相对。两手抓住两侧踝关节，肘关节抵在膝关节内侧，并向下压膝盖，直到大腿内侧感受到强烈的拉伸感。保持这个姿势10秒。

拉伸到的部位： 腹股沟、髋部、大腿内侧

★ 背部拉伸 I

坐在地上，两脚底相对。两手抓住两侧踝关节，慢慢将双脚拉近身体，在呼气的同时慢慢将前额靠近双脚。保持这个姿势10秒。

拉伸到的部位： 上背部和下背部

★ 背部拉伸 II

两腿并拢跪坐在地上，两手贴着地面尽量前伸，直到背部感受到强烈的拉伸感。保持这个姿势10秒。

拉伸到的部位： 上背部和下背部

★3个方向拉伸

每个方向均保持10秒。

1 坐在地面上，两腿伸直尽可能分开，脚尖朝上。

2 俯身用右手抓住右脚脚尖，胸部尽可能与地面平行。

3 俯身用左手抓住左脚脚尖，胸部尽可能与地面平行。

4 回到起始姿势，身体向前倾，在呼气的同时两手尽量前伸。

拉伸到的部位： 腹股沟、上背部和下背部、腘绳肌、髋部、小腿三头肌

★ 坐位单侧拉伸

坐在地上，左腿伸直，右腿屈曲，右脚放在左腿内侧，左手抓住左脚脚尖。呼气时，胸口尽量向左膝贴近，直至感受到强烈的拉伸感。保持这个姿势10秒后换另一侧重复以上练习。

拉伸到的部位： 腘绳肌、上背部和下背部、小腿三头肌

★ 坐位扭转拉伸

坐在地上，左腿伸直，右腿屈曲，右脚放在左腿外侧。上身向右旋转，左肘抵在右膝上，右手撑在身后以保持平衡。保持这个姿势10秒后换另一侧重复以上练习。

拉伸到的部位： 髋部、后背、身体侧面

★ 卧位辅助抱膝

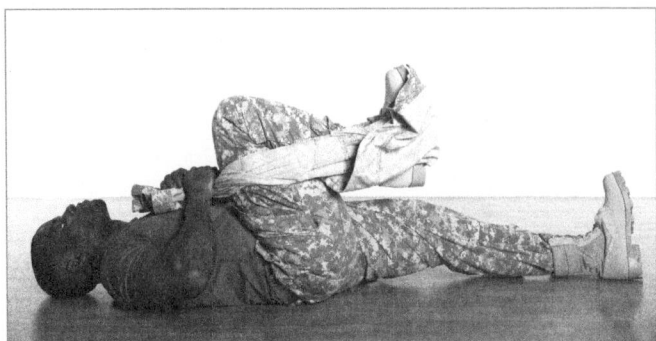

平躺在地上，左腿伸直。用作战服缠住右脚并两手抓住其两端，慢慢将其拉向胸前，直至感受到强烈的拉伸感。保持这个姿势10秒后换另一侧重复以上练习。

拉伸到的部位：臀肌（臀部）、腘绳肌、屈髋肌群

★ 对侧交叉拉伸

平躺在地上，左臂向外伸展开，右腿伸直。用作战服缠住左脚并右手抓住其两端，慢慢将其拉向身体右上方，保持这个姿势10秒后换另一侧重复以上练习。

拉伸到的部位：臀肌（臀部）、上背部和下背部、腘绳肌、髋部、小腿三头肌

★ 直腿牵拉

平躺在地上，左腿伸直。右腿向上蹬直，用作战服缠住右脚并用双手抓住其两端。然后慢慢地将右腿拉向胸部，直到感到明显的拉伸感，过程中注意保持左腿伸直。保持这个姿势10秒后换另一条腿重复以上练习。

拉伸到的部位： 臀肌（臀部）、腘绳肌、小腿三头肌

★ 开门

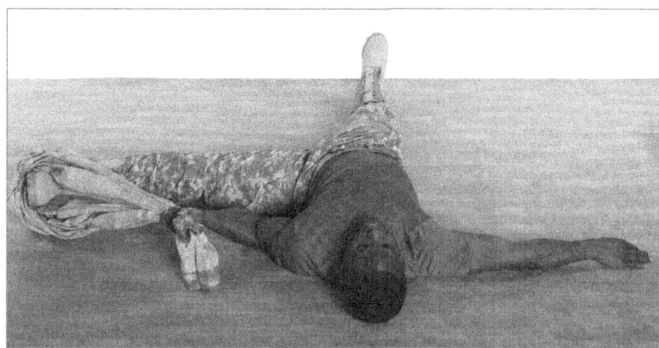

平躺在地上，右臂向外伸展开，右腿伸直。用作战服缠住左脚并左手抓住其两端，慢慢将其拉向身体上方，保持这个姿势10秒后换另一侧重复以上练习。

拉伸到的部位： 臀肌（臀部）、腹股沟、腘绳肌、髋部、小腿三头肌

★ 辅助股四头肌拉伸

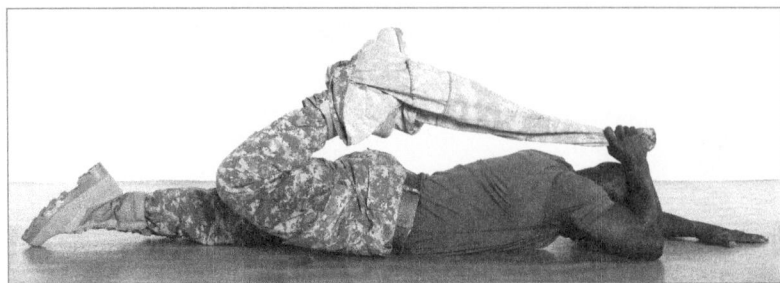

趴在地面上，左臂伸直举过头顶，左腿自然伸直。屈曲右膝，用作战服缠住右脚并两手抓住其两端向上拉，直到大腿离开地面。保持这个姿势10秒后换另一条腿重复以上练习。

拉伸到的部位：股四头肌（大腿前侧）、髋部、背部

★ 辅助肱三头肌拉伸

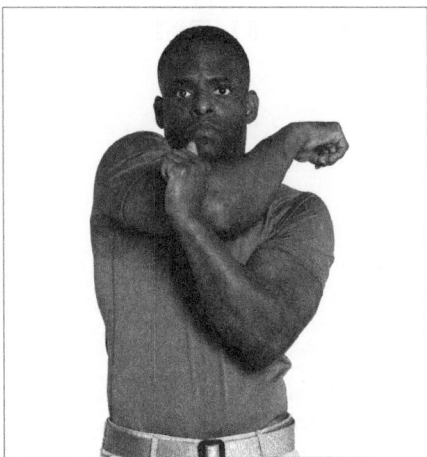

可以跪着、站着或坐着完成这个动作。左手放在右肩附近，右手抵在左肘后面并向内拉，保持这个姿势10秒后换另一侧重复以上练习。

拉伸到的部位：肱三头肌、三角肌、上背部

★ 头后肱三头肌拉伸

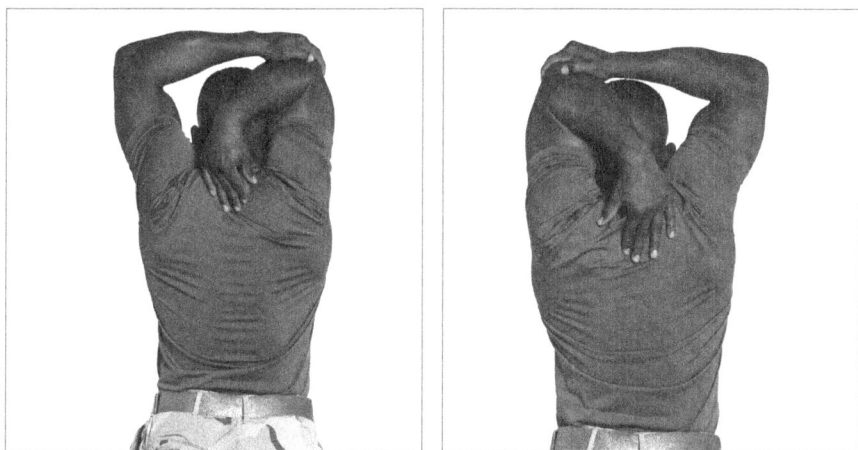

可以站着或坐着完成这个动作。右臂举过头顶并屈肘，使得右手放在两肩胛骨之间。左手抵在右肘关节前面并慢慢向后拉伸，直至感受到强烈的拉伸感。保持这个姿势10秒后换另一侧重复以上练习。

拉伸到的部位：肱三头肌、三角肌、上背部

★ 前臂屈肌和伸肌拉伸

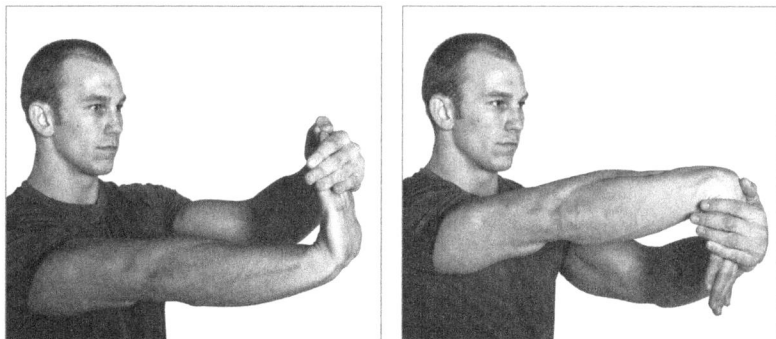

站立位，两脚分开与肩同宽，两臂伸直向前。左手抓住右手撑，慢慢地向内拉，直至感受到强烈的拉伸感。保持这个姿势10秒后换另一侧重复以上练习。

拉伸到的部位：前臂屈肌、前臂伸肌、手部软组织

★4个方向的颈部拉伸

站立位，两脚分开与肩同宽，背部挺直。左手在头上方越过并放在右耳上。缓慢地将头向左拉伸，直至颈部侧面感受到强烈的拉伸感。保持这个姿势10秒后换另一侧重复以上练习。

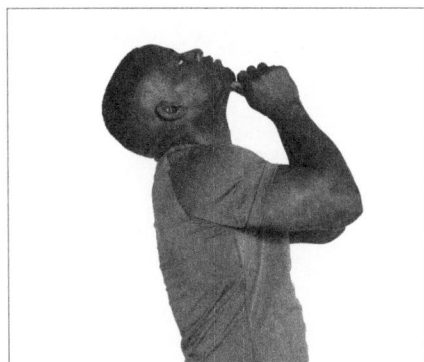

站立位，两脚分开与肩同宽，背部挺直。两手拇指抵在一起顶在下巴上。缓慢地将头向上顶，直至颈部前面感受到强烈的拉伸感。保持这个姿势10秒后换另一侧重复以上练习。

站立位，两脚分开与肩同宽，背部挺直。两手十指相交放在头后。缓慢地将头向下压，直至颈部后面感受到强烈的拉伸感。保持这个姿势10秒后换另一侧重复以上练习。

拉伸到的部位：颈部

★ 侧向伸展

站立位，左脚放在右脚前，左手叉腰，右臂伸直向左侧举过头顶，保持这个姿势10秒后换另一侧重复以上练习。

拉伸到的部位：身体侧面、上背部

★ 腹肌拉伸

俯卧位，两手放在地面上。用力撑起上半身使得身体呈弧线状，注意两臂保持伸直，不要屈肘。保持这个姿势10秒。

拉伸到的部位：核心区域（腹部肌群）、髋部、背部

★ 致谢 ★

首先，感谢部队里的每位士兵，你们的辛苦训练、无私奉献甚至牺牲，造就了这本书！此外，我也要感谢小奥古斯塔·嘉姆、贝拉斯科、汤米·霍夫曼以及杜祁福·多拉尔医生，你们一直以来的信赖和鼓励帮助我度过了本书创作过程中的困难时期。

★ 作者简介 ★

奥古斯塔·德胡安·哈撒韦在美国田纳西州的莫非斯堡出生和长大，毕业于莫非斯堡的奥克兰高中，曾担任校足球队和田径队队长。在青少年时期，德胡安就被他的同伴选为全校最健康的"奥克兰先生"，并于2005年以大学生运动员和玛丽维尔学院橄榄球队队长的身份获得体育学学士学位。

毕业后，他担任夏威夷大学马诺阿分校运动项目的教练，并在2009年拿到运动机能学硕士学位。在这之后，他担任美国夏威夷卡内奥赫湾海军基地海军以及海军陆战队的体能教练。任职期间，士兵们的体能水平得到了整体的提升。2009年，他在一次演习中向海军和海军陆战队人员介绍了他的健身计划。2011年至2013年，德胡安在美国佐治亚州本宁担任体能以及力量训练专家。在此期间，由于在加强军人身体素质方面的突出贡献，他曾两次获得美国的总指挥部优秀奖。

德胡安是美国国家体能协会认证的体能训练教练以及CSCCa认证力量训练教练。同时，他还获得了陆军战斗一级认证及二级认证。工作之余，德胡安还是一名保持着不败战绩的专业MMA运动员。

★ 译者简介 ★

张可盈，2015年于北京体育大学运动康复系获得理学学士学位，同年保送至清华大学攻读运动人体科学博士学位，主要研究方向为腰痛的康复训练、航天员体能训练、运动脑科学等。曾以第一作者身份在核心期刊上发表《航天在轨失重环境条件下的体能训练》《航天在轨快速伸缩复合训练研究进展》等论文，译有《肌肉训练彩色解剖图谱：核心训练》《肌肉训练彩色解剖图谱：运动按摩》《髋腰肌力量与柔韧性训练》等图书，并担任《运动贴扎与包扎（第3版）》《肌肉训练彩色解剖图谱：增肌塑形训练》《肌肉训练彩色解剖图谱：海豹突击队体能训练》等多本图书的审校工作。